LA TRAGÉDIE DE LA RÉUSSITE

Christophe Deloire

LA TRAGÉDIE
DE LA RÉUSSITE

Albin Michel

À mon fils, Nathan

« Et à quoi sert le pouvoir, à quoi sert la joie, à quoi sert la vie ? »

Bhagavad-gîtâ

Avant-propos

> « N'espère pas, mon âme, en une vie
> exempte de mourir, mais épuise le champ
> du possible. »
>
> Pindare
> *Pythiques*

Réussir dans la vie.

Tout nous y incite, nous y encourage, voire nous y oblige.

C'est désormais l'injonction principale de notre vie publique. Le succès, la fortune, sont les nouveaux graals. Autrefois on admirait le pouvoir, les sciences et les arts : il reste désormais le pouvoir, l'argent et la notoriété.

L'argent surtout.

Le pouvoir encore beaucoup.

À longueur de colonnes, les journaux décrivent le théâtre des ambitions personnelles. La description lyrique des élévations sociales nous tient lieu d'épopée contemporaine. Les émissions de radio et de télévision relatent la chronique des succès, comme si c'était là notre pain quotidien.

Les journalistes rapportent les faits et gestes des puissants, ils façonnent notre fascination, ils nous font rêver avec les épopées et les sagas. À la rubrique politique, les rédacteurs posent des couronnes de laurier sur la tête des élus du peuple, ils croient à la supériorité des vainqueurs et à la suprématie des personnes sur les idées. Dans les pages économie, on fait saliver le lecteur sur les fortunes acquises, les victoires des seigneurs du business, ces goinfres qui s'empiffrent de stock-options. Dans les pages « culture », voilà les lauréats des prix littéraires. On évoque plus souvent leurs tirages que leurs talents. À la rubrique sport, voici les héros modernes, trop souvent dopés, mais qu'importe, ils font vivre les annonceurs.

Si l'on va au fond de cette logique, que trouve-t-on ?

Une conviction : hors de la réussite, point de salut.

Malgré la crise, en dépit des licenciements et de la misère, les heureux élus mènent la vie de château, sirotent un daïquiri sur le pont d'un yacht dans les Caraïbes, passent le week-end dans une résidence secondaire du bassin d'Arcachon, fréquentent les clubs interdits au commun des mortels, confabulent doctement sur leurs dernières acquisitions d'art contemporain.

La planète est leur village.

Dans un mouvement brownien permanent, ils vont et viennent de Méribel à Gstaad, de Saint-Tropez à Saint-Barth, ils descendent à l'hôtel dans des palaces, au George-V ou au Meurice, et se permettent de renvoyer la bouteille de vin à 450 euros parce qu'elle n'est pas à la bonne température.

Si vous ne passez pas vos vacances dans les villas mirifiques de Deauville ou de Portofino (Saint-Tropez italien), si vous ne fréquentez pas les *beautiful* dans les cercles les plus huppés de la capitale, si vous ne gagnez pas des élections, des finales ou des pactoles, si vous ne pouvez pas vous targuer d'exploits, vous n'êtes vraiment pas grand-chose.

C'est le message subliminal.

La mythologie nous proposait des destinées, la religion des espérances, la politique des causes. Aujourd'hui, pour rêver, pour fantasmer, pour espérer, il ne nous reste que l'envie envers les riches, les puissants, les heureux de ce monde. Malgré l'éloignement, nous finissons par avoir le sentiment de vivre avec eux. Nous assistons au spectacle de leur opulence au point de nous habituer à leur standing.

Leur « niveau de vie ».

L'expression n'est pas anodine. Comme si ces people passaient leur temps à une altitude de vie plus élevée, avec une intensité plus forte, un plus haut degré d'existence.

Qu'est-ce que tout cela nous dit de nous-mêmes ?

Le 13 février 2009, dans l'émission *Télématin* sur France 2, Jacques Séguéla répondait à une question sur le goût de notre chef de l'État pour les montres de luxe.

« Comment peut-on reprocher à un président d'avoir une Rolex ? Tout le monde a une Rolex. Si à cinquante ans on n'a pas une Rolex, on a quand même raté sa vie ! »

Quel aveu !

En quelques mots, comme seuls les publicitaires savent le faire, l'homme avait résumé ce fétichisme du succès, ce souci, de se distinguer parce qu'on a une plus belle voiture, un plus gros bateau, bref de reproduire la compétition des petits garçons dans les cours de récréation, quand ils jouent aux plus intimes comparaisons.

Plus tard, pour mettre fin à la polémique, le publicitaire bronzé aux UV toute l'année dira qu'il avait prononcé là « la plus belle connerie de sa vie ». L'homme qui avait présenté Carla Bruni à Sarkozy lors d'un dîner à son domicile avait-il dit une ânerie ou formulé le fond de sa pensée ?

Ou tout simplement les deux.

Inutile de sonder les reins et le cœur de Séguéla, ou les tréfonds de son inconscient, l'essentiel est que nous vivons à une époque où la faim d'or, l'appât du gain, l'envie d'une réussite affichée, sont devenus obsessionnels. L'on pourra seulement objecter, à raison sans doute, qu'il n'y a rien là de très nouveau sous le soleil. Que l'aristocratie de l'Ancien Régime, avec ses blasons et son patrimoine, et que la bourgeoisie des deux derniers siècles, avec sa conscience de classe, ont toujours promu de telles valeurs. La différence, c'est qu'à ces époques d'autres idéaux étaient proposés.

Car si les propos de Séguéla relèvent de la caricature, ils témoignent de la conception d'une « élite » jamais repue. Par effet miroir, ces déclarations mettent en lumière les aspirations de certains Français moins favorisés, qui ne se consolent pas de ne pas participer au grand banquet de l'opulence. On critique les *successful people*, on regrette l'appât délirant du gain, les bonus mirifiques, on dénonce l'appétit de pouvoir, mais au fond qui ne se dit en son for intérieur : « J'aurais bien empoché un tel pactole », « je serais bien à leur place » ?

C'est sans doute très pratique d'avoir une Rolex, mais la phrase, par son outrance, a le mérite de nous obliger à nous arrêter un instant, pour nous poser une question fondamentale, qui nous vient trop rarement à l'esprit.

À quoi sert de réussir ?

Qu'est-ce que la richesse, ou le pouvoir, apportent, finalement ?

Lorsqu'ils interrogent les personnalités, présentées à l'occasion comme des modèles, les journalistes omettent le plus souvent de demander :

– Êtes-vous comblé ?

C'est une question toute simple. Indiscrète sans doute. Tout ce que vous me racontez là est bien beau, mais qu'est-ce que vos succès vous apportent, au fond ?

Qu'est-ce que cela fait d'être à votre place ?

Est-ce que vous êtes plus heureux avec votre Rolex et tout ce qui va avec ?

Cette question taraude pourtant tout le monde : les jeunes gens à l'aube d'une carrière, et même ceux qui considèrent que leur avenir est derrière eux. Un jour ou l'autre, tous se demandent à quoi riment les rêves et les efforts, à quoi cela sert de s'élever dans la société, d'atteindre une situation, d'acquérir un patrimoine.

Bref, de « réussir dans la vie ».

La profonde crise économique que nous traversons nous oblige, et c'est heureux, à nous interroger sur le sens de nos existences, et sur l'intérêt de réussir dans la vie à tout prix.

Le prix à payer est-il justifié ? Y a-t-il une tragédie de la réussite, aussi invisible que cruelle ?

Il fallait donc interroger celles et ceux qui possèdent tout ce que nous rêvons d'avoir, et souvent plus.

L'affaire s'est révélée plus complexe que je ne l'aurais cru, car il s'agissait d'ausculter le cœur des hypocrisies contemporaines.

1

À QUOI SERT DE RÉUSSIR ?

Quelle force pousse à rechercher le pouvoir ? Pourquoi courir frénétiquement après l'argent ou la célébrité ? Les réponses donnent parfois un sentiment d'étrangeté, qui va nous mener beaucoup plus loin que nous ne l'imaginions.

Un milliardaire qui en a « plein la gueule »

> « Si la pauvreté fait gémir l'homme, il
> bâille dans l'opulence. »
>
> Rivarol
> *De l'homme intellectuel et moral*

Pour répondre à ces questions, on peut rester dans son lit, méditer la phrase de Nietzsche qui dit que « rien n'a de valeur dans la vie que le degré de puissance[1] », ou assister au spectacle du pouvoir.

Nous sommes dans l'hôtel particulier de la holding Artemis, rue François-Ier à Paris. Les fenêtres donnent sur la place du même nom, l'une des plus agréables du triangle d'or de la capitale. Le décor est celui d'un petit palais agrémenté d'œuvres d'art contemporain, de vastes toiles rayées ou déchirées, blanches ou grises.

Nous pénétrons dans le pays des heureux du monde. C'est un autre univers, très au-dessus même des gens qu'on a l'habitude d'appeler fortunés, un univers dont les portes d'accès demeurent fermées au commun des mortels.

---

1. Friedrich Nietzsche, *La volonté de puissance*, Gallimard, Tel, 1995.

19

À partir d'une petite entreprise de négoce de bois en Bretagne, le maître des lieux, François Pinault, qui a quitté l'école à seize ans, a bâti un empire. Il est le principal actionnaire d'Artemis, société non cotée qui possède des bijoux de famille, dont l'hebdomadaire *Le Point.*

À travers ses participations, l'homme d'affaires possède en outre les enseignes de distribution Le Printemps et La Redoute, la maison de vente aux enchères Christie's, un pourcentage non négligeable de Bouygues et de la marque de luxe italienne Gucci.

Bref, Pinault a fait une partie de sa fortune en vendant du luxe.

À plus de soixante-dix ans, le patron est assis sur un matelas de milliards qui fait de lui l'un des hommes les plus riches de France. En 2007, le magazine *Challenges* le faisait figurer au quatrième rang des Français les plus riches. En 2009, l'hebdomadaire en fait encore la sixième fortune du pays.

Après moult tentatives, Pinault a fini par accepter le principe d'une rencontre. À première vue, ce qui frappe, c'est son regard, dur, perçant, rocailleux. Pas des yeux mielleux de salonard, mais des pupilles en acier trempé, sur une silhouette trapue.

J'explique mon projet de livre, les raisons de cette interview, ma présence dans cet hôtel particulier dont il a fait son quartier général. Je suis simplement venu poser une question naïve : « À quoi sert de réussir ? »

De prime abord, le milliardaire s'émeut :

– *Réussir, quel horrible mot*[1] *!*

Il réagit comme si le vocable lui blessait les tympans. Il proteste avec tant de vivacité que je me demande s'il n'en rajoute pas un peu. En 1990, il se définissait

---

1. Entretien avec l'auteur, 23 octobre 2007.

comme un « rastaquouère des affaires ». À force de railleries, il avait repris à son compte les sobriquets dont on l'affublait. Manifestement, cet homme d'affaires a beau avoir obtenu une consécration financière, il en fait des tonnes dans la modestie, réelle ou feinte. Non, non, il n'a pas réussi, clame-t-il. Tout de même, j'insiste, ça doit faire quelque chose de figurer aux premières places des classements de la richesse mondiale.

— Si c'est pour empiler des billets de banque et se retrouver avec des héritiers avachis et sans amis...

Ce que me décrit ici mon interlocuteur, c'est la caricature de l'avare repu, du bourgeois fainéant.

Pinault ajoute vivement :

— Vous savez, je ne m'épate pas d'avoir trois kopecks !

Pour mémoire, ces « trois kopecks », c'est sept milliards d'euros. Il écarte les bras d'un air de dédain :

— Un entrepreneur s'en fiche de l'argent !

Faut-il le croire ? S'agit-il de cris d'orfraie ? D'une posture ? Autrefois, François Pinault ne s'en fichait pas de l'argent. Il a même couru après les millions, puis les milliards, confient ses proches. Il a gagné la course, mais ne brandit pas la coupe.

— Tout ça ne change rien.

Tout ça ? C'est les comptes en banque pleins à craquer, et le respect qu'ils inspirent. Le milliardaire nous assène que tout ça, tout ce que nombre d'entre nous passent leur vie à essayer d'obtenir, au prix d'efforts parfois démesurés, tout ce dont nous sommes parfois frustrés de n'être pas les détenteurs, n'aurait guère d'importance.

— Quand je vais rendre visite à mon ami Pierre Daix, dans sa HLM du 13ᵉ arrondissement de Paris, je vous assure que je ne suis pas un homme riche.

Pierre Daix est un journaliste, écrivain. Ancien chef de cabinet du ministre communiste Charles Tillon, autrefois ami de Picasso et collaborateur d'Aragon, Daix est l'un des meilleurs amis de Pinault. Il n'habite pas une HLM, mais dans un appartement normal d'un quartier normal. Pour Pinault, c'est chez les pauvres...

L'homme d'affaires poursuit en souriant :

— *Vous me direz, c'est facile de dire qu'on s'en fiche de l'argent, quand on en a plein la gueule.*

Pinault dit « plein la gueule », mais il préférerait que cette phrase ne soit pas publiée. Après l'entretien, ses conseillers demanderont qu'elle soit retirée, qu'il soit simplement écrit « quand on en a, de l'argent ». On peut parler franchement, et, après coup, avoir quelques pudeurs.

Un individu normal, vous, moi, se dit : « en effet ». Il est facile de clamer son indifférence à ce qui suscite autour de soi tant d'envie, tant de jalousie, tant d'efforts aussi. Ce doit être un plaisir délicat d'afficher pareil dédain, mais est-ce que le propriétaire d'Artemis et de Pinault-Printemps-Redoute ne se moque pas (un peu) du monde ?

Il le nie.

Et il invoque les sacrifices consentis pour parvenir à ce niveau de fortune.

— *Pour faire la différence, il faut focaliser son énergie. J'ai consacré presque la totalité de mon énergie à ça. Donc je ne sais rien faire d'autre. Je ne golfe pas, je ne joue pas au tennis.*

Pourquoi alors avoir fait tout ça ?

— *J'avais envie de bouffer les autres, c'est tout. Maintenant, je suis amorti, je suis un vieux schnock.*

Dans le dictionnaire, un schnock est un personnage sénile, un gâteux, un imbécile. Là encore, les conseillers insisteront pour que cette phrase soit retirée. Ils exigeront une retranscription plus urbaine proposant : « J'avais envie de m'en sortir, c'est tout. Maintenant je me suis assagi. »

Pinault converse avec gouaille mais, plus tard, il regrettera. Il semble avoir la liberté d'un monsieur d'un certain âge qui ne se sent plus obligé de sauver les apparences. Ses proches affirment qu'il a toujours été comme ça, préférant parler comme un charretier plutôt que d'adopter un langage châtié, anesthésié par le cocon de l'argent. Il a coutume de dire que « les hommes, c'est un peu comme les chiens de chasse ; élevés dans les salons, ils perdent leur flair ». Alors, pour montrer qu'il n'est pas dupe, Pinault rigole, avec l'air du gars qui a fait un bon coup.

Tout de même, il faut éclaircir cette histoire d'argent, du plaisir qu'il procure.

Pour lui tirer les vers du nez, je lui parle de ce 29 avril 2006 où, en grande pompe, il inaugurait au Palazzo Grassi de Venise l'exposition *Where are we going ?*, une sélection de sa collection personnelle d'art contemporain. Il y avait une partie du gratin mondial, de Farah Diba à l'actrice Kristin Scott Thomas, en passant par les hommes d'affaires Luciano Benetton et Martin Bouygues. L'assistance était si choisie que près de 160 avions privés ont atterri ce jour-là à l'aéroport Marco-Polo de la Sérénissime ! Le trafic a provoqué un énorme embouteillage dans les airs. Je lui demande ce que cela a représenté pour lui.

– *Je m'en fiche.*

Oui, Pinault parle ainsi. Il ne dit pas « je n'en ai cure », « peu m'importe », où « là n'est pas l'essentiel ». En se retournant vers la directrice générale de sa holding, Patricia Barbizet, assise à un mètre de lui, il lâche :

– *Je m'en fiche. Vous étiez là, Patricia, vous avez bien vu que le grand cirque de la vie en société ne m'impressionne pas.*

Le grand cirque doit lui plaire. C'est lui qui l'a organisé. Fait-il semblant, alors ? Joue-t-il un rôle ?

– *Non. Mais j'ai un certain recul avec les grands dîners, les grandes soirées mondaines. Je sais bien qu'il y a ceux qui viennent pour regarder les œuvres, les autres qui viennent sans en avoir rien à faire.*

23

À quoi sert de réussir ?

À propos de ces fâcheux, qui sont tout de même ses invités, il persifle :
– *On se passerait bien d'eux, mais ils sont là.*

Inutile de préciser : ces propos, les conseillers en conviennent, sont au mot près ceux de Pinault. Mais comme, disent-ils, pour lui « l'écrit est sacré », il aurait fallu les raturer, les supprimer. C'eût été dommage, le portrait de Pinault aurait alors ressemblé à ces peintures qui, croyant embellir la personne représentée, au contraire l'affadissent, lui retirent sa forme de vie.

Pinault est infiniment plus intéressant dans la crudité de ses paroles que dans une version édulcorée relevant de l'exercice de communication.

François Pinault est-il déprimé, au moment où je lui parle ? Renseignements pris, non, il est comme d'habitude. Et pourtant, il fait la fine bouche... L'étrange, c'est l'impression d'entendre le proverbe « l'argent ne fait pas le bonheur » d'une bouche pleine d'or. Pour comprendre à quoi sert de faire fortune, et/ou carrière, il va me falloir pousser l'enquête. Je suis encore très loin du but.

Anna assure qu'elle s'en fiche aussi !

« Je n'aime pas posséder. Tout ce qui fait
ma fortune et ma force est dans ma tête. »

Anna Gavalda
Lire, février 2002

C'est quelqu'un qui affiche son indifférence envers
les biens matériels, qui en fait presque un fonds de commerce. Cette personne ne sera pas sujette à une obligation de prudence, elle pourra nous dire sa vérité.

Elle est loin, très loin de Pinault.

Trois jours après avoir recueilli les confidences de ce
dernier, j'envoie un courrier électronique à l'écrivaine
Anna Gavalda. Un jour qu'on lui demandait ce qu'elle
possédait de plus cher, elle répondit avec ingénuité :
« Rien. Je n'ai pas de meubles, pas de bijoux. Peu de
vêtements, peu de livres. En fait, je n'aime pas les choses
et je me méfie de l'argent[1]. »

Je lui explique qu'il s'agira d'un ouvrage destiné à
faire comprendre l'intérêt de « réussir dans la vie ».
Grâce à sa propre expérience, elle pourrait m'aider à y
voir plus clair. À trente-sept ans, ce professeur de
français a vendu des centaines de milliers d'exemplaires

---

1. *L'Express*, 28 février 2002.

de ses romans, *Je voudrais que quelqu'un m'attende quelque part*, *Je l'aimais*, et, le plus célèbre de tous, celui qui a été adapté au cinéma, *Ensemble, c'est tout*[1].

Même si elle ne l'a pas cherché, même si elle s'en défend, Anna Gavalda a monté quatre à quatre les marches de la notoriété et de l'argent. Grâce à ses tirages considérables, ses succès phénoménaux, elle a accumulé les droits d'auteur, même si bien entendu ses revenus n'ont rien à voir avec ceux de Pinault.

Gavalda est portée aux nues par la presse pour son succès. Si elle écrit sur des personnages cabossés qui n'ont jamais perdu l'espoir, Gavalda n'appartient pas, ou plus, à ce monde de petites gens. La réponse au mail que je lui ai envoyé ne tarde pas, elle survient dès la fin de l'après-midi :

> « *Bonjour Christophe,*
> *Je vous remercie d'avoir pensé à moi mais ne puis vous être d'aucune aide. Je me fous royalement de ma réussite sociale et suis bien incapable de vous dire à quoi ça sert, de réussir...*
> *C'est vrai ça... à quoi ça sert finalement ?*
> *Salutations penaudes.*
>
> *Anna Gavalda*[2]. »

Elle aussi...

Quel que soit leur âge, les personnages d'Anna Gavalda sont avides de rencontres, d'amour, de partage. Ils tentent de vivre bien loin des chimères de la réussite sociale. Dit-elle vrai, Anna, lorsqu'elle affiche elle-même son dédain à l'idée d'être riche et célèbre ?

Il faut en tout cas chercher ailleurs.

---

1. Éditions Le Dilettante, 2004.
2. Message électronique du 26 octobre 2007.

Tout ce que dira Chirac est « off »

> « Portez votre culture comme votre montre, avec discrétion, et gardez-vous de la tirer de votre gousset et de la faire tinter pour le seul plaisir de montrer que vous n'en êtes pas dépourvu. »
>
> Philip Chesterfield

A priori, la question « à quoi sert de réussir ? » est l'une des plus stupides qu'on puisse poser. Qui se demande à quoi cela sert d'avoir beaucoup d'argent ou de pouvoir, ou les deux ? Mais à être libre, à dormir dans les beaux hôtels, à ne pas s'inquiéter pour le lendemain, cela paraît évident !

À être fier de soi aussi, rempli de confiance, auréolé du regard d'autrui, à se trouver dans ce cercle où tout le monde vous parle avec déférence et est prêt à tout pour vous complaire.

Avec l'argent, comme avec le pouvoir, tout s'achète.

Pourquoi Pinault rechigne-t-il ainsi à concéder cette évidence ?

L'un de ses amis nous en dira peut-être plus, un ami cher, un ami de cœur qui, lui, s'est illustré dans la politique, dans la conquête des suffrages, qui, quoi qu'on pense de lui, est entré dans l'histoire de France.

27

Cet homme incarne une réussite encore supérieure, puisqu'il a exercé la fonction suprême, s'est assis dans le fauteuil du général de Gaulle qu'il admirait, et de François Mitterrand, envers qui il avait le plus pur respect. Ses décisions engageaient des dizaines de millions de personnes. Il fut l'égal des plus puissants personnages de l'époque, et même, un temps, leur doyen.

Il fut critiqué, adulé, puis critiqué encore comme peu d'hommes le sont, mais sa vie fut un roman.

Me voilà assis dans un couloir, sous un tableau de Poliakoff, face à des sculptures d'animaux, deux rhinocéros et un éléphant.

Le motif du tapis de sol rappelle ceux des tissus africains.

La porte juste derrière ouvre sur le bureau de Jacques Chirac.

L'ancien président, qui revient de vacances au Maroc, m'invite à entrer. Aussitôt, il fait preuve de sa légendaire sympathie. Même si la formule relève du poncif, il est clair que cet homme d'État parmi les plus célèbres du monde, qui pendant douze ans régna sur notre pays, a su conserver une convivialité modeste. Ici, au 119, rue de Lille, où il occupe un bureau aux frais de la République, comme avant à l'Élysée, il fait asseoir son invité sur la banquette et propose aussitôt d'aller lui-même chercher à boire. Pour lui, ce sera un soda.

Avant même d'engager la conversation, l'hôte tient à préciser en préambule que tout restera « off », qu'il ne reçoit l'auteur de ces lignes que par courtoisie, et qu'il ne souhaite pas apparaître d'une manière ou d'une autre dans ce livre.

Voilà qui ne facilite pas la tâche d'un journaliste.

De toute façon, nul ne l'ignore dans son entourage, malgré un côté « grande gueule », Chirac est un homme d'une pudeur extrême. Il ne livre jamais le fond de son intimité. On était prévenu, il ne serait pas facile de lui soutirer des confidences.

Tout de même, on est là au cœur d'une question centrale, qui a bien dû le tarauder. À quoi sert de réussir ?

– *Je ne me suis jamais posé la question*[1].

Il le jure, ça ne l'intéresse pas. Mais tout de même, un homme politique féru des grandes civilisations du passé doit bien s'adonner à des interrogations existentielles ?

– *Ce sont des questions parfaitement inutiles.*

À l'évidence, Jacques Chirac ne dit pas toute la vérité. Ces questions, pour lui, sont cruciales. Seraient-elles subsidiaires qu'il y répondrait sans mal.

Car pendant l'essentiel de sa vie, il a cherché à réussir.

Début 1991, le journaliste Georges Suffert publiait un portrait de lui dans *L'Express* intitulé « Le Samouraï de la Corrèze » qui décrivait l'appétit de Chirac : « Il est ambitieux. C'est tout. Sa vie, son travail, ses jeux, son argent, ses rêves, tout s'ordonne autour de cet objectif unique : réussir[2]. »

Pour susciter les confidences de Chirac, je parle de l'entretien accordé par Pinault. Si surprenant que cela soit, l'ancien président a très peu d'amis au sens fort. L'homme d'affaires est de ces derniers. Il ne s'est pas contenté de prêter son avion privé à Chirac, il lui offre surtout son temps, et son affection. Lorsque Chirac était fortement déprimé après avoir quitté l'Élysée, c'est Pinault qui l'a pris par la main, lui a offert l'hospitalité à Saint-Tropez, lui a fait faire le tour des cafés de la ville, lui a parlé de ce que Chirac aime, la nourriture, les femmes...

Chirac ne veut tellement pas parler de la réussite qu'il réagit à peine au nom de Pinault, il ne fait pas mine de

---

1. Entretien avec l'auteur, 27 février 2009.
2. Cité par Pierre Péan, *L'inconnu de l'Élysée,* Fayard, 2007.

ne pas le connaître, il feint simplement de ne pas avoir entendu.

À l'Élysée, le président recensait pourtant des notes sur ces questions dans une sacoche. Il ne s'en séparait presque jamais. À ses côtés, l'aide de camp présidentiel tenait la mallette nucléaire, mais lui aimait bien emporter cette sorte de cartable. Il l'ouvrait rarement devant des visiteurs, même devant des proches, car il y avait ses secrets à l'intérieur.

– *Au début, j'ai pensé que c'étaient des secrets d'État*[1].

L'homme qui parle n'est autre que Jean-Louis Debré, le président du Conseil constitutionnel, intime de l'ancien président.

En fait, dans cette sacoche de cuir noir, Chirac conservait ce qu'il avait de plus précieux, telle la photo de son petit-fils. Et des notes personnelles. Notamment un document dactylographié intitulé : « D'où venons-nous ? Qui sommes-nous ? Où allons-nous ? »

Le document commençait ainsi : « Voici trois interrogations fondamentales que chacun d'entre nous se pose, chaque jour, plus ou moins consciemment. »

Chirac racontait le « grandiose enchaînement des phénomènes », l'explosion originelle, l'apparition d'une algue bleue, il y a 3,2 milliards d'années, celle de l'homme voici 2,5 millions d'années, puis le développement d'*Homo erectus*, enfin l'épanouissement d'*Homo sapiens*.

Le texte remettait l'homme à sa juste place. Il précisait que « l'accumulation des richesses » et « les inventions technologiques qui lui ont permis de vaincre la nuit, le froid et parfois même les maladies et la faim » ont fait oublier à « l'Homme » qu'il « n'est qu'un simple maillon rattaché à la chaîne ininterrompue de l'ensem-

---

1. Entretien avec l'auteur, 27 février 2009.

ble des êtres vivants et qu'il ne pourra jamais couper complètement les racines qui le rattachent implacablement à la nature ».

De tout cela, Chirac ne veut plus parler. Sur l'accumulation des richesses, il préfère le mutisme, lui qui a connu toute sa vie un train de vie hors du commun, sous les ors de la République.

Comme le remarquait un proche, Chirac est un homme qui n'a jamais conduit sa voiture, ni même tourné la clé dans sa serrure en rentrant chez lui. Des huissiers ou des femmes d'intérieur le faisaient pour lui.

Avant de prendre congé, pour dérider l'ancien chef de l'État, qui a envie de parler de choses et d'autres, je lui demande si au moins il possède une Rolex. Il remonte sa manche et laisse paraître une fine Bulgari, avant de me demander la raison de cette question.

Séguéla a énoncé sa fameuse phrase quelques semaines avant, elle a été rapportée dans les médias, mais Chirac n'a manifestement pas beaucoup lu les journaux, ni écouté la radio, il n'en a pas entendu parler.

Je raconte l'histoire. L'ancien président sourit, puis lâche le plus sérieusement du monde :

– *Moi aussi j'ai une Rolex, mais elle est en réparation...*

Il ne plaisante pas.

Sarkozy ne répond pas au courrier

> « Le sens de la vie c'est justement de s'amuser avec la vie. »
>
> Milan Kundera
> *Risibles amours*

Récapitulons.

Sans doute sous forme de litote, l'un prétend n'avoir pas grand-chose à faire d'avoir gagné « trois kopecks », l'autre, qui a dirigé la France pendant douze ans, est muet comme une carpe.

Il nous faut nous intéresser à son successeur, celui qui fut si longtemps une sorte de fils spirituel avant de tuer le père.

Sarkozy aime la réussite par-dessus tout, non seulement il ne s'en cache pas, mais souvent il fait étalage de son goût pour cette « came »-là.

Nous avons un chef de l'État bling bling.

L'expression vient du rap, du hip-hop. Bling bling, c'est le style des parvenus de la musique, avec leurs grosses chaînes en or, leurs bagouses et lunettes protubérantes.

Sarkozy a un goût prononcé pour les lunettes d'aviateur, les stylos de poids et de marque, les Montblanc, et pour les montres de luxe, les Breitling et les autres. C'est pour le défendre que Séguéla s'était enflammé jusqu'à prononcer sa phrase atterrante de stupidité.

Le président aime les riches.

Bouygues, Bolloré, Desseigne, Lagardère, Bernheim et tant d'autres.

Après la noblesse tout court, puis la noblesse d'État, ces patrons incarnent une nouvelle aristocratie. Sarkozy a d'ailleurs déjà annoncé qu'un jour il « fera de l'argent ».

En Guizot de notre temps, il ne cesse de nous le seriner. Il est un *self-made man*, il s'est fait tout seul. La course au mât de cocagne, la trajectoire personnelle, ces notions le font vibrer.

Lui qui prône tant la réussite dans la vie aura forcément réfléchi à cette question sur l'utilité de la réussite.

Le 26 février 2008, je rédige donc une lettre à son attention.

Voici les premiers termes : « Je souhaite vous rencontrer dans le cadre de la préparation d'un ouvrage. » Je précise que dans ce livre « il sera question de l'énergie, du pouvoir, de l'argent, des frustrations et du bonheur ». Un ajout : « Cet ouvrage évoquera les impulsions, les élans, et, au final, nourrira la réflexion sur le sens de la vie. »

Le sens de la vie, j'y vais fort. Je poursuis : « Je veux raconter à quoi sert de suer sang et eau. »

J'espère que Sarkozy comprendra, par ces mots, que je prépare un livre d'adrénaline et de testostérone, et que ces arguments lui donneront envie de me répondre. J'ai en tête son goût pour la douleur, ses courses à pied transpirantes, ses tours de vélo éreintants au bois de Boulogne, ce plaisir masochiste qu'il semble y prendre.

Quel sens a cette débauche d'énergie ?

Le destinataire ne répondra jamais au courrier.

À quoi sert de réussir ?

Sa conseillère politique, Catherine Pégard, ancienne rédactrice en chef du service politique du *Point,* répond à la place du président. Elle travaille au premier étage du palais de l'Élysée, en plein centre du cercle de la confiance. Le chemin a été mille fois décrit. Depuis la salle d'attente en haut de l'escalier monumental, elle pousse une petite porte et vous emmène dans un étroit couloir jusqu'à cette pièce réduite appelée « la salle de bain de la Reine », car se trouvait là la « baignoire » de l'impératrice Eugénie.

En guise d'introduction, elle susurre :

– *Il est très rare qu'il parle de lui, des choses de sa vie*[1]...

On jurerait pourtant que Sarkozy se met en scène, au point que l'on se demande parfois s'il ne parle pas trop de lui, justement.

– *S'il était là, il dirait : « Ça va pas de faire de l'introspection ? »*

Le chef de l'État est en effet rebuté par l'exercice consistant à fouiller en soi. « Connais-toi toi-même », la prescription de Socrate, n'est pas son genre. La formule, il la trouve ridicule : « Il n'y a rien de plus contestable que "connais-toi toi-même[2]" », a-t-il confié, avant de devenir président, à des visiteurs de la revue *Le Meilleur des mondes.*

– *Pour lui, il y a une forme d'évidence : on doit réussir. Quand on peut, on doit,* conclut Pégard.

Mais d'où lui vient cette injonction ? Cela n'a pas d'importance, croit-il, de connaître les origines, les racines, de comprendre nos déterminismes, de nous interroger sur le sens de ce que nous faisons.

Pourquoi ces gens d'habitude si volubiles ont-ils peur lorsqu'il s'agit d'évoquer leur réussite ?

---

1. Entretien avec l'auteur, 16 janvier 2008.
2. *Le Meilleur des mondes,* automne 2006.

On ferait mieux de ne pas réussir !

« Le comble de l'orgueil, c'est de se mépriser soi-même. »

Gustave Flaubert
Carnets

Bilan provisoire en début d'enquête : plusieurs rendez-vous, des heures d'entretiens, des pages de ce livre maintenant, à plusieurs reprises des propos pas nécessairement mensongers, mais empruntés, gênés aux entournures, comme si ces questions dérangeaient.

Difficile de savoir si nous avons mis sans le savoir le doigt là où ça fait mal, si cette indifférence à la réussite n'est qu'un affichage ou correspond à quelque chose de plus profond.

Une scène va nous faire glisser plus loin encore.

Ce jour-là, le grand rival de Sarkozy à droite, son ennemi juré, Dominique de Villepin, pousse la porte du restaurant Casa Bini, un établissement italien de la rue Grégoire-de-Tours, dans le 6ᵉ arrondissement de Paris, à quelques centaines de mètres du Sénat. L'ancien Premier ministre sourit de toutes ses dents, car il s'apprête à déjeuner avec deux jolies journalistes. Sa vie à Matignon à la fin du règne de Jacques Chirac n'a pas eu raison de son allant. Les salutations d'usage à peine exécutées, je lui explique mon entreprise.

Avoir occupé la fonction de Premier ministre, ce n'est pas une mince affaire, dans une vie.

À ma traditionnelle question : « À quoi sert de réussir », il rétorque sans réfléchir :

– *À rien*[1] *!*

Lui aussi !

Interprétons son propos.

Cet ancien secrétaire général de l'Élysée a rêvé d'être élu à la présidence de la République. Premier ministre populaire, il a rêvé à l'idée de franchir l'étape suivante. Et il a échoué.

Si Villepin répond « à rien ! », c'est mû par l'amertume, se dit-on un instant.

Mais après avoir pris sa respiration, Villepin ajoute :

– *On ferait mieux de ne pas réussir !*

Soudain, je me ravise.

Pour pousser le bouchon aussi loin, l'ancien Premier ministre fait peut être une allusion plus précise. Quelques années auparavant, il avait pris l'habitude d'exposer à ses visiteurs une thèse très personnelle. À savoir que pour réussir, en politique, « il faut être malheureux en couple ».

Villepin repart vers son déjeuner, sans avoir révélé encore le fond de sa pensée, ni la raison de son élan et de sa fougue. Il se serait bien vu à l'Élysée, et il nous dit que tout ça ne vaut rien.

Voilà l'interview espérée qui tourne court.

Une de plus.

Il se peut qu'un ancien Premier ministre de droite soit gêné par les questions sur la réussite.

Voyons à gauche.

---

1. Entretien avec l'auteur, 26 octobre 2007.

On ferait mieux de ne pas réussir !

Posons la question à Pierre Mauroy, chef du gouvernement de la vague rose de 1981. D'extraction modeste, parvenu aux sommets du pouvoir, sénateur du Nord, il préside la fondation Jean-Jaurès. Bref, on ne peut parler de la vision socialiste de la réussite sans lui soumettre le problème. Pour lui rendre visite, il faut se rendre au bas de la butte Montmartre, dans un immeuble de la cité Malesherbes, une impasse protégée par de grandes grilles. Au premier étage de la fondation Jean-Jaurès, nous entrons dans le bureau où régna à la tête de la SFIO, l'ancêtre du PS, un certain Guy Mollet.

Dans une famille de mineurs et de bûcherons, l'ambition des fils Mauroy consistait à devenir bûcherons. Fils aîné d'une fratrie de sept garçons et filles, le jeune Pierre se rêvait ailleurs :

– *Pour moi, quand j'étais jeune, réussir sa vie, c'était obtenir une bourse pour aller étudier à Valenciennes, réussir des examens, réussir dans la hiérarchie de l'enseignement pour pouvoir faire de la politique*[1].

À l'âge de dix ans, le petit Mauroy entendait les fermiers de l'Avesnois parler de « ils ». « Ils » avaient pris telle décision. « Ils », la nébuleuse de ceux qui gouvernent.

Mauroy :

– *J'ai voulu connaître qui étaient ces « ils ». Ils figuraient sur les premières pages de l'*Almanach Vermot : *le président du Conseil, le ministre, le Sénat, la Chambre des députés, à l'époque on disait ça. Regarder les petites photos me passionnait. J'étais irrésistiblement attiré vers ce pouvoir.*

À l'occasion d'un congrès des Jeunesses socialistes à Roubaix, le jeune étudiant en histoire et géographie prit sa carte du parti. Bientôt, il devint professeur dans l'enseignement technique et entra au bureau national :

---

1. Entretien avec l'auteur, 27 février 2008.

À quoi sert de réussir ?

– Là s'est enclenchée la mécanique. Je suis entré en politique et j'y suis encore. Je suis passé par une porte étroite, j'ai eu beaucoup de chance.

Avant de prendre congé, je demande à Pierre Mauroy : « À quoi sert de réussir ? »

Il a l'air gêné.

– Je ne sais pas répondre.

J'insiste.

– Cela a donné un confort à ma vie. Mais vous savez, avant je ne m'étais jamais posé la question du confort. Enseignant, j'acceptais sans problème ma vie très modeste.

Nous n'aurons droit à aucune autre explication.

Un peu de confort, nous n'en saurons pas plus.

C'est un début.

Owen-Jones a « un petit doute »

> « Mais il faut donc avoir des chevaux frin-
> gants, des livrées et de l'or à flots pour obte-
> nir le regard d'une femme de Paris ? »
>
> Honoré de Balzac
> *Le Père Goriot*

Pour aller au-delà de l'explication de Pierre Mauroy
– un « certain confort » –, il convient de rencontrer l'un
de ceux qui dans le monde des affaires incarne le comble de la réussite. De 1988 à 2006, Lindsay Owen-Jones
fut le P-DG de L'Oréal.

Pour avoir considérablement augmenté le chiffre
d'affaires et les bénéfices de la firme, ce patron d'origine britannique fut gratifié de manière mirobolante
par ses actionnaires. Owen-Jones fut des années
durant, de très loin, le grand patron le mieux payé de
France. Par an, son salaire fixe et son bonus variable
pouvaient dépasser 7 millions d'euros en tout, sans
compter ses stock-options. Comparés à ses revenus, la
plupart des salaires font figure de misère. Cet homme
a touché pendant des années plus de cinq cents fois le
Smic.

On l'imagine un rien matamore, satisfait de lui-
même.

39

À quoi sert de réussir ?

Au dixième étage du siège de L'Oréal à Clichy, son bureau se trouve au fond d'un long couloir en brique. Owen-Jones, le regard perçant, une pointe d'accent, accueille le visiteur d'une poignée de main ferme.

Les questions que je viens aborder avec lui, il jure ne les avoir évoquées ni avec un collègue, ni avec un homologue, ou avec qui que ce soit. Jamais ? Étrange : ces hommes d'action ne réfléchissent-ils jamais au sens de ce qu'ils font ?

Je lui pose ma question habituelle.

Il précise aussitôt, sur un ton de précaution :

– *Réussir sa vie n'est pas réussir matériellement*[1].

Se sont-ils donné le mot ? Cette rhétorique est pour le moins surprenante. Dans un pays où nombre d'entre nous rêvent de « gagner plus », ce privilégié semble presque blasé. Je le relance :

– Vous avez consacré une énergie folle pour réussir sur le plan matériel. Vous deviez bien penser que ça sert à quelque chose, non ?

Il la joue modeste.

– *Les gens qui réussissent sont toujours très contents de parler des succès de leurs entreprises, moins de leurs succès personnels. Ils sont très pudiques ..*

J'ai déjà entendu ça.

– *... car ils ont une flamme, une faim. Ces mécanismes profonds sont très intimes. On ne peut pas en parler sans évoquer l'enfance. Parler de sa réussite, c'est se déshabiller.*

Owen-Jones en dévoile alors un peu plus : sa naissance à Wallasey en Grande-Bretagne, sa jeunesse dans la banlieue de Liverpool, un endroit où l'on ne rêve pas, plus exactement d'où l'on rêve de s'échapper. Si l'on s'en tient à ces confidences, il les a déjà faites à des cohortes de journalistes. Mais il va aller plus loin.

---

1. Entretien avec l'auteur, 16 janvier 2008.

Ce manager de légende consent pour la première fois à raconter avec force détails comment il s'est fait recruter chez L'Oréal en 1969.

Comme dit la chanson : 69, année érotique.

À vingt-trois ans, tout juste diplômé de l'Insead, le jeune homme avait la fougue de son âge. L'un de ses camarades lui suggéra d'intégrer une boîte « où on était payé pour choisir les pin-up d'Ambre solaire ». Un attrape-nigaud, car les agences de publicité s'en chargeaient, et non pas les salariés de L'Oréal, mais le jeune homme était embarqué dans l'aventure de cette entreprise qui cherche à séduire les femmes.

Au début, d'un point de vue personnel, c'était un peu frustrant, car les jolies filles étaient plus sensibles à l'argent des autres qu'à sa jeunesse à lui :

– Pour mon premier job chez L'Oréal, je partageais mon bureau avec deux filles ravissantes. Elles avaient des amoureux fortunés qui envoyaient des voitures pour les emmener faire du shopping.

Les voitures de rêve, les Aston Martin, les Jaguar ! Owen-Jones n'en avait pas et se sentait Petit Chose au pays des merveilles. Ces collègues de toute beauté filaient sous le nez, faute de carrosse pour les enlever :

– Je gagnais péniblement ma vie, elles ne me regardaient même pas.

L'argent rend beau, cela ne fait aucun doute.

La séduction est certainement l'une des motivations principales des ambitieux. Dans le roman de Balzac *Le Père Goriot*, ce roublard de Vautrin expliquait au jeune Rastignac : « Avoir de l'ambition, mon petit cœur, ce n'est pas donné à tout le monde. Demandez aux femmes quels hommes elles recherchent, les ambitieux. Les ambitieux ont les reins plus forts, le sang plus riche en fer, le cœur plus chaud que ceux des autres hommes. »

À *quoi sert de réussir ?*

C'est la thèse que nous développions déjà dans *Sexus politicus*[1], à propos de la vie politique. Selon l'ancien conseiller de Nixon, Henry Kissinger, « le pouvoir est l'aphrodisiaque absolu ». Nous évoquions le goût des dirigeants français pour les fredaines et autres bagatelles.

Il apparaît déjà que certains cherchent l'argent pour la même raison que d'autres tentent de conquérir le pouvoir.

– Vous savez, dans les rapports avec les femmes, tout est bon. Si vous savez chanter, vous entonnez des chansons. Si vous savez écrire des poèmes, vous leur déclamez de la poésie. Si vous êtes magicien, vous leur faites des tours de prestidigitation. Et si vous êtes comme moi, vous réussissez dans une entreprise...

De fait, dans ce registre, Owen-Jones a excellé.

– Quelques années après, vous êtes mieux dans votre peau, plus gai, plus joyeux. Insensiblement, les rapports changent. La réussite rend fier, radieux, épanoui, c'est ça qui est séduisant.

Le patron a donc passé des jours tranquilles au siège de L'Oréal, à Clichy ; dans cette ville, Henry Miller avait situé son roman *Jours tranquilles à Clichy*, où il évoquait ses heureux souvenirs des Années folles, propices à la liberté des cœurs et des corps. Dans le roman de Miller, le personnage découvrait la douceur des conquêtes féminines ; dans sa vie, Owen-Jones s'adonnait aux conquêtes commerciales mais goûtait aussi les délices de l'opulence.

– Vous étiez un grand séducteur ?

– Non, répond-il (mais que peut-il bien répondre d'autre ?). *J'ai été élevé avec trois sœurs et donc toujours exposé aux choses des femmes. J'aime les parfums de femmes, les vêtements de femmes.*

---

1. Christophe Deloire et Christophe Dubois, *Sexus politicus*, Albin Michel, 2006.

Grâce à sa réussite, s'est-il vengé de ses deux collègues d'antan, ces belles qui le dédaignaient ?

— La vie de chef d'entreprise offre très peu de tentations... Une fois que vous arrivez au sommet, vous n'avez plus le temps. Ceux qui réussissent sont plus séduisants, mais le lendemain ils se lèvent tôt.

Une célèbre photo montre Lindsay Owen-Jones sur les marches du festival de Cannes, smoking et nœud papillon, avec à ses bras les plus belles femmes du monde, apparemment comblé.

— Quand vous donnez l'accolade à Claudia Schiffer et à Kate Moss, j'imagine que ça ne vous laisse pas indifférent...

— Je ne me suis jamais laissé gagner par cette folie-là. Et je ne suis même jamais sorti de ma vie avec un mannequin.

Croix de bois croix de fer, si je mens, j'irai en enfer. Les mannequins ont un inconvénient, ajoute-t-il avec humour :

— Elles font trente ou quarante centimètres de plus que moi et m'embrassent sur le haut du front...

Comme si je n'étais pas convaincu par son argumentation, notre Crésus ajoute :

— La réussite est constatée dans le meilleur des cas à cinquante ans et validée à soixante. Ce n'est pas du tout le même calendrier que celui de la séduction des femmes.

Il conclut que les meilleures années, c'est plutôt vers le milieu.

— J'ai soixante ans aujourd'hui. La question ne se pose plus...

Si ce n'est pas pour les femmes, pourquoi Owen-Jones a-t-il gagné autant d'argent ?

— J'ai fait de l'argent une mesure de l'appréciation qu'on portait sur moi.

On appelle ça la chrématistique.

Nous y voilà.

Des millions, « parce que je le vaux bien », comme dit le slogan publicitaire de L'Oréal. Owen-Jones révèle qu'il a considéré l'argent comme un instrument de mesure.

Et ça valait la peine ?

– On ne se pose ce genre de question, à quoi ça sert, qu'à la fin d'une carrière.

– Aujourd'hui, vous vous posez enfin cette question ? De ce que vous a apporté cette fabuleuse ascension sociale ?

– Depuis que j'ai quitté la direction opérationnelle en 2006, oui, un peu. J'ai consacré ma vie à une entreprise de cosmétiques, alors évidemment il y a un petit doute.

La phrase a l'air anodine, comme ça. Mais l'homme longtemps le mieux payé de France, l'ancien grand patron d'une entreprise aussi prestigieuse qui, malgré la *dolce vita* dans laquelle a baigné jusque-là son existence, ose douter face à un visiteur, ne serait-ce qu'une seconde, du bien-fondé d'avoir consacré sa vie à gagner de l'argent pour se˥ actionnaires. Et pour lui-même. Voilà qui nous emmène encore plus loin, dans une sorte de quatrième dimension.

La question qui « emmerde » Tapie

> « Avec un bateau, il y a deux moments de bonheur : le jour où on l'achète, et le jour où on le revend. »
>
> Claude Lelouch
> *Itinéraire d'un enfant gâté*

Le seul luxe dont Owen-Jones consent à confesser la jouissance, comme si cela rattrapait les sacrifices consentis, le travail jour et nuit, c'est un voilier, le *Magic Carpet*. Le patron de L'Oréal a acquis ce monocoque de 24 mètres pour quelques millions d'euros.

Il tient à préciser :

– Je n'aurais jamais pu assumer un yacht du genre de celui qu'on prête au président[1].

Une allusion au *Paloma*, le navire de 60 mètres à 200 000 euros la semaine de Vincent Bolloré, sur lequel Sarkozy est allé se reposer quelques jours après avoir été élu.

Voilà qui nous amène à l'un des puissants symboles de réussite dans notre pays : le bateau.

Il y a vingt ans déjà, Bernard Tapie cherchait à nous

---

1. Entretien avec l'auteur, 10 janvier 2008.

en jeter plein la vue, sur le ponton du *Phocéa,* lunettes de soleil sur le nez et cheveux dans le vent. Quatre mâts de 75 mètres de longs et mille mètres carrés de voilure, douze passagers et quinze hommes d'équipage.

Tapie, quel symbole ! Allons donc voir cet homme qui a tout connu dans la vie, l'admiration et l'opprobre, la lumière... et l'ombre. Un seul appel ne suffit pas pour obtenir rendez-vous. Lorsque je lui cite le sujet de l'ouvrage, l'ancien homme d'affaires tique au bout du fil :

– *Ça m'emmerde !*

Tapie m'invite à le rappeler, on verra, dans un mois, peut-être... Le délai écoulé, je tente à nouveau ma chance.

Rebelote, il n'a pas changé d'humeur :

– *Ça m'emmerde toujours !*

Finalement, pour obtenir un rendez-vous, il me faudra rappeler exactement six fois. Nous nous retrouvons dans l'un de ses lieux de prédilection, au bar du Lutétia, le grand hôtel du 6ᵉ arrondissement, pas loin de son hôtel particulier de la rue des Saints-Pères. Lorsque l'ancien ministre de François Mitterrand entre dans la grande salle rouge et noire, à l'ambiance feutrée, c'est comme une apparition, les regards se tournent, les conversations se suspendent. Est-ce la notoriété ? Rarement, à l'entrée d'une personnalité, j'ai vu une petite foule se figer ainsi.

Il s'assied.

Nous avons à peine prononcé quelques mots qu'il se fige à son tour, lève la tête et le doigt, et dit :

– *Vous entendez*[1] *?*

Le pianiste interprète un air connu.

– *Vous entendez ce qu'il joue ? Il le fait pour moi...*

----

1. Entretien avec l'auteur, 28 juin 2007.

En effet, en jetant des coups d'œil amusés, le pianiste interprète *Le blues du businessman*. On connaît les paroles par cœur : « J'ai du succès dans mes affaires... », « J'passe la moitié de ma vie en l'air... », « Je voyage toujours en première... ». Tapie les a chantées lui-même, ces paroles écrites en 1978 par Luc Plamondon sur une musique de Michel Berger, pour la comédie musicale *Starmania*. Au pianiste de l'hôtel, Tapie fait un signe de la main du genre : « T'es taquin, toi. »

À ce moment-là, Tapie n'a pas encore récupéré 285 millions d'euros (plus les intérêts légaux) à l'issue de la procédure arbitrale contre le CDR, le Consortium de réalisation, la structure publique qui gère le passif du Crédit lyonnais. Je lui demande pourquoi « ça l'emmerde » autant de parler de la réussite :

– *Réussir dans la vie, vous savez, ça aide juste un peu à réussir sa vie.*

Réussir sa vie, le titre d'un disque que Tapie enregistra en 1985, à l'initiative d'Eddie Barclay.

Tapie a grandi dans un appartement de vingt mètres carrés au Bourget, avec son père ouvrier, sa mère et son frère. Le garçon avait la rage de vaincre. Stagiaire charbonnier, il devint vite chanteur de charme au casino municipal de Saint-Jean-de-Monts, en Vendée. À un peu plus de seize ans, il chantait le titre de Charles Aznavour, *Je m'voyais déjà en haut de l'affiche*.

Tapie entonnait ces belles paroles d'un homme « bien décidé à empoigner la vie » et « certain de conquérir Paris ». Mais celui qui dans la chanson se voit « déjà adulé et riche » n'y parvient jamais, il rate tout.

Tapie, lui, s'en sortirait. Sur le symbole de sa richesse, sur le bateau, il s'épatait lui-même.

– Vous étiez heureux sur le *Phocéa* ?

– *Oui, j'étais heureux.*

– Ne plus le posséder vous rend triste ?

– *J'étais content de l'avoir et je m'en fous de ne plus l'avoir.*

47

À quoi sert de réussir ?

En mon for intérieur, j'ai un gros doute.

– Je mesure ce qui est indispensable et ce qui est superflu. Un des secrets du bonheur, c'est de ne jamais mesurer sa réussite comme le parallèle du plaisir.

Ses yeux brillent, il n'a pas l'air de mentir. Je me souviens d'une de ses confidences selon laquelle sa fille avait sans doute été moins heureuse sur le *Phocéa* que lui, autrefois, au même âge, à la piscine municipale du Bourget.

– Vous étiez sincère ?

– Évidemment. À l'époque, quand ma fille allait à la plage, elle était entourée de flics avec leurs armes à feu dans des sacoches. On craignait qu'elle soit enlevée car j'étais une cible désignée par Action directe.

– Mais au Bourget, la vie de vos parents était modeste.

– Sur un bateau, une petite fille vit toute seule. Alors elle tourne en rond.

Dans le luxe et l'opulence, mais dans la solitude.

– Au Bourget, j'avais trente-cinq potes, avec mes copains on avait quarante-cinq fiancées. Le plaisir d'aller dans une piscine avec plein d'enfants n'est pas comparable avec celui d'être seul comme un con dans un bateau.

Lui aussi, donc, prétend que réussir ne rend pas heureux. Avant de prendre congé, il lâche :

– J'ai des potes, riches comme Crésus, qui ont une vie de merde.

Tapie se lève d'un bond, sans avoir songé un instant à payer – il est vrai que j'étais demandeur du rendez-vous. Il me lance que je peux le rappeler si besoin, et s'élance vers la porte de sortie. Il fait simplement un détour, pour serrer la main du pianiste en lui adressant un clin d'œil.

Ah, au fait, dans *Le blues du businessman*, l'une des paroles les plus importantes est la suivante : « J'suis pas heureux mais j'en ai l'air »...

Cette étrange comédie humaine

> « La réussite est la place qu'on occupe dans les journaux. La réussite est l'insolence d'un jour. »
>
> Elias Canetti
> *Le cœur secret de l'horloge*

Il y a donc, manifestement, je le découvre, un blues de la réussite. Étrange. En y réfléchissant, ce thème n'est finalement pas si nouveau.

Dans *La Comédie humaine,* cette somme composée de dizaines de romans et de nouvelles, Balzac dresse un tableau de la monarchie de Juillet qui ne cache rien des grandeurs et petitesses des ambitions.

Dans *Le Père Goriot,* en 1819, un jeune homme, Eugène de Rastignac, arrive des environs d'Angoulême, à Paris. Dès sa première année à la capitale, « il agrandit l'horizon de sa vie, et finit par concevoir la superposition des couches humaines qui composent la société[1] ».

Un jour Rastignac admire quelque chose, le lendemain il veut l'obtenir. « Plus Eugène jouissait de la vie parisienne, moins il voulait demeurer obscur et pauvre. »

---

1. Honoré de Balzac, *Le Père Goriot,* Gallimard, 1971.

À quoi sert de réussir ?

Patrick Poivre d'Arvor et Franz-Olivier Giesbert ont tôt rêvé de mettre la ville à leurs pieds. Comme Rastignac, ils se sont dit « à nous deux ! » de concert, en 1970, sur les bancs du Centre de formation des journalistes (CFJ).

Pour devenir important, il y a toujours eu un moyen plus facile que les autres. Devenir journaliste.

Tout en jurant *urbi et orbi* que leur vocation fut toujours la littérature, l'un présenta le journal télévisé pendant trois décennies, l'autre est aujourd'hui vice-président du *Point*.

« Franz », comme l'appellent ses proches, est un personnage de roman. À force de subtilités, il a imposé son style à Paris. Il connaît les petitesses de la nature humaine, il en joue, mais ne s'exonère pas de sa propre misanthropie. Il est cynique, y compris avec lui-même.

Assis sur le canapé de son bureau, j'observe autour de moi les piles de livres qui menacent de s'effondrer. Dans ce décor que je connais bien pour avoir travaillé avec lui au *Point*, j'aborde une question cruciale.

Sommes-nous satisfaits ?

Enfant, il percevait déjà que la réussite n'est pas synonyme de bonheur.

– Mon grand-oncle américain possédait une des plus grosses boîtes de conseil en gestion des États-Unis, derrière McKinsey. Cet oncle n'était pas heureux[1].

Il ajoute :

– Le journalisme ne peut pas rendre heureux.

La sentence tombe, sèche comme un couperet.

Ainsi, cet homme bardé de tous les honneurs, à trente-six ans directeur de la rédaction du *Nouvel Observateur* où il est entré en 1971, avant de diriger celle du *Figaro* pendant douze ans, ce patron de presse qui dirige

---

1. Entretien avec l'auteur, 4 juin 2007.

aujourd'hui l'un des trois grands hebdomadaires, ce biographe de François Mitterrand et de Jacques Chirac qui publie des romans et des essais à succès, anime une émission à caractère culturel, bref cet homme à qui tout a réussi se déclare, au fond, insatisfait. Surprenant.

J'écarquille les yeux.

En guise d'explication, il ajoute :

– *Les journalistes construisent des châteaux de cartes. Tu sais, dans l'éphémère, on ne peut pas être heureux.*

Je devine à quoi il pense. Les aléas de l'actualité, les flux et reflux de l'information, le tremblement des faits, le fracas des événements, rien sur quoi s'appuyer. J'ai connu des confrères qui affirmaient avec fierté être « drogués à l'actu », s'en vantaient lors des interviews, et sans doute disaient-ils vrai, sans se rendre compte un instant qu'ils boivent la potion des news comme d'autres reniflent de la cocaïne, pour tenter d'oublier qu'ils se débattent dans les sables mouvants du changement permanent.

Chaque semaine, de son propre aveu, Giesbert subit une « semi-dépression », qui dure un jour ou deux. Le héros du roman de Balzac *Illusions perdues*, le journaliste Lucien de Rubempré, était également atteint de déprimes récurrentes. Son statut dans la presse française, aujourd'hui, ne permet-il pas à Giesbert de jouir tout simplement de la vie ?

Non.

Giesbert a coutume de citer Nietzsche : il déteste la « moraline ». Mais il n'est jamais rebuté par une bonne formule d'auteur. Ce soir-là, le patron du *Point* invoque Jules Renard, cet écrivain que ses parents n'avaient pas assez aimé. De lui, Giesbert a retenu une phrase : « Le bonheur est toujours en face. »

Délicieux plaisirs féminins

> « Les femmes commencent à se passionner pour la réussite professionnelle au moment où beaucoup d'hommes s'aperçoivent que c'est un attrape-nigaud. »
>
> Jacques de Bourbon Busset
> *Tu ne mourras pas*

Au fil de mon enquête, une constatation va vite s'imposer. À mes questions, les femmes ne répondront jamais comme les hommes. En premier lieu, elles hésiteront beaucoup plus à recevoir un journaliste sur le sujet de la réussite sociale. Comme si cette question leur faisait peur, comme si c'était un sujet d'hommes.

Les ministre et ex-ministre les plus en vue du gouvernement, Michèle Alliot-Marie ou Rachida Dati, refuseront de me parler pour cette enquête. Aujourd'hui, très nombreuses sont les femmes à réussir en politique, il n'est que de voir que la finale pour l'élection du premier secrétaire du Parti socialiste a opposé Martine Aubry à Ségolène Royal, mais on n'en est pas encore, côté féminin, à gloser sur le sens de cette énergie déployée pour accéder aux plus hautes fonctions.

Dans le monde de l'économie, c'est un autre problème. Une seule femme dirige une entreprise cotée au Cac 40. Quant à celles qui créent des entreprises, elles sont encore plus rares !

Les réussites féminines sont plus rares, mais elles ont l'air plus merveilleuses.

Comme les orgasmes.

La joie apparemment profonde, la joie heureuse et sans doute non feinte, je vais la rencontrer chez des femmes.

Nous voici au Rond-Point des Champs-Élysées, près de l'avenue Montaigne. Nous n'entrons pas dans une boutique de luxe mais dans l'immeuble où se trouvent les bureaux de Gilberte Beaux. À soixante-dix-huit ans, cette ancienne banquière sourit telle une midinette. Elle dirige toujours une société qui gère ses intérêts.

Dans les années quatre-vingt et quatre-vingt-dix, on la surnommait « la banquière ».

Gilberte Beaux fut à la France de ces années-là ce que Marthe Hanau, fondatrice de *La Gazette du franc*, fut aux Années folles : une pionnière de la réussite féminine en affaires. Sauf que pour Marthe Hanau ça avait mal fini, avec une fatale ingestion de barbituriques en prison.

Gilberte Beaux naquit en 1929, l'année du jeudi noir de Wall Street. Ruiné par la crise qui s'ensuivit, son père décéda moins de dix ans plus tard. Elle évoque ainsi la perte de son modèle : « J'ai vu partir aux enchères tout l'univers de mon enfance : la maison que j'aimais, les meubles et même les livres. » Sur son lit de mort, son père avait laissé un trésor : il avait évoqué les projets qu'il formait pour son frère et elle.

Elle ne le décevrait pas.

Elle commença sa carrière à seize ans, juste après la Libération, comme sténotypiste à la banque Seligman. Acharnée, Gilberte gravit les échelons avec dextérité.

Cinq ans plus tard, elle était fondée de pouvoir. En 1967, elle faisait la rencontre d'un futur tycoon, le Franco-Britannique Jimmy Goldsmith. Avec l'aide de la jeune femme, ce patron charismatique construisit un empire et fit fortune. Toujours dans la joie et la bonne humeur, jure-t-elle.

Gilberte Beaux dirigea ensuite pour le compte de Goldsmith la Banque occidentale pour l'industrie et le commerce. En 1977, quand le milliardaire reprit *L'Express*, elle géra l'hebdomadaire. Dans les années quatre-vingt, elle s'occupa d'une compagnie pétrolière au Guatemala, avant de se rapprocher de l'ancien Premier ministre Raymond Barre. Au début des années quatre-vingt-dix, elle prit la tête de la société Adidas, après son rachat par Bernard Tapie. À près de quatre-vingts ans, elle continue. Pourquoi une activité aussi compulsive ?

– *Quand on n'est pas gâteux, ça vaut la peine de travailler jusqu'au bout. Je m'amuse beaucoup*[1].

Et puis elle a la nostalgie. La nostalgie des nuits de travail, en équipe restreinte, tous groupés, comme seuls au monde.

– *Toute ma vie, j'ai été heureuse de mon travail. J'ignore si j'ai réussi, mais il est certain que je me suis épanouie. On n'est pas que dans les chiffres. On aime bien la vie. On a envie de la happer de tous les côtés.*

Elle apprécie cette phrase de Somerset Maugham dans *La passe dangereuse* : « Si l'amour et le devoir se rencontrent, vous êtes touchés par la grâce et vous goûtez un bonheur qui passe l'imagination. »

La dame parle du bonheur de danser dans les deux très vastes propriétés, les *estancias*, qu'elle possède en Argentine. Elle y passe la moitié de l'année.

---

1. Entretien avec l'auteur, 13 septembre 2007.

– *C'est mieux que de faire partie de la jet-society. Comme dans un village, je fais la fête avec les employés en tenue de gauchos.*

Tous les soirs, dit-elle, elle s'assied pour regarder le coucher du soleil. Elle songe à cette phrase d'un ecclésiastique russe, Alexandre Men : « La beauté de la terre est un reflet de la beauté du ciel. »

Tout au long d'une enquête pour laquelle j'aurai rencontré plus d'une centaine de personnes, aucun homme ne me citera jamais une phrase poétique.

Gilberte Beaux n'est pas même une exception. D'autres femmes partagent cette vision du monde.

La preuve ? Depuis un moment, je rencontre une injonction récurrente.

– Il faut absolument voir Rose-Marie Van Lerberghe !

L'insistance finit par payer. Cette charmante dame de soixante ans, à la coiffure protubérante et bouclée, dirige aujourd'hui le groupe Korian, 172 établissements pour personnes âgées, 35 maisons de soin et de réadaptation et 10 cliniques psychiatriques. Auparavant, elle était à la tête de l'Assistance publique-Hôpitaux de Paris, avec ses 38 établissements et 90 000 salariés.

Rose-Marie Van Lerberghe a fait l'ENA. Serait-elle un monstre froid ? Non.

– *J'ai été portée par l'admiration de mon père*[1].

D'emblée elle a les yeux brillants.

– *Pour moi, tout a commencé au CP, le jour où je suis revenue de classe en lui disant « je suis première ». J'ai lu la fierté et la joie sur son visage.*

À quoi ça sert de réussir ?

– *À lui faire plaisir !*

D'origine italienne, Rose-Marie Van Lerberghe parle comme une interprète de la commedia dell'arte, avec

---

1. Entretien avec l'auteur, 4 octobre 2007.

de grands mouvements. Son corps avance à chaque mot, ses intonations vont d'un bout à l'autre de la gamme.

– *Moi, je suis dans la jubilation. Je râle, je peste, mais je suis dans la jubilation. Bonheur n'est pas le mot. Le mot, c'est la joie. Ce que je sais, c'est que j'aurai toujours une gourmandise formidable. Je ne serai jamais blasée.*

Alors qu'elle vient de fêter ses soixante ans, l'ancienne directrice générale de l'Assistance publique se dit qu'un jour elle fondera son entreprise, peut-être avec sa fille.

– *J'ai encore la gourmandise de vivre plein de choses.*

Enfin, au moment de prendre congé, elle confie :

– *En vieillissant, ma grande récompense est de faire grandir les gens.*

Aucun homme n'emploiera une expression de cet acabit.

Faire grandir les gens. Comme on le fait pour des enfants ?

Les femmes veulent tout réussir

« De toute façon, l'amour ça finit toujours pareil. À deux, sans rien se dire devant la télé. Moi, j'ai choisi d'être seule devant ma télé, comme ça c'est moi qui choisis la chaîne. »

Anne Roumanoff
Les femmes et la réussite

Paradoxalement, c'est un homme qui va expliquer de la manière la plus imagée cette différence entre les hommes et les femmes. On a coutume de le qualifier de parrain du capitalisme français tant son influence est grande dans les cercles patronaux. D'une petite mutuelle, Claude Bébéar a fait d'Axa l'une des plus grandes sociétés mondiales d'assurances.

Salle d'attente de l'hôtel particulier d'Axa, avenue Matignon à Paris. Les moulures néoclassiques au plafond sont protubérantes, on se croirait dans un ministère. Aux murs, deux grands tableaux fleuris de Juan de Arellano. Le tapis est couvert de fleurs de lys couleur or. D'un pas paisible, Claude Bébéar m'introduit dans son bureau. D'un coup d'œil, je remarque deux grands porte-crayons, des pieds d'animaux évidés.

Bébéar est un chasseur. Il est amateur de safaris et de conquêtes. Ensemble, nous évoquons cette étrange vérité statistique qui veut qu'en France des femmes ont des succès en tant que managers, mais qu'elles ne figurent pas parmi les plus grands entrepreneurs.

– C'est culturel dans tout le bassin méditerranéen. La femme latine fait passer sa famille avant tout le reste[1].

Ce n'est pas le cas ailleurs dans le monde ?

– Aux États-Unis, la femme est moins maternelle. Elle est moins épouse aussi. Ce que je connais des femmes américaines, c'est qu'elles ont l'égoïsme de l'homme.

Revenons à la vieille Europe.

– Autour de la Méditerranée, la femme n'est pas égoïste. Elle est plus animale qu'en Amérique. Dans le règne animal, c'est la femelle qui prend soin des petits. La perdrix compte ses petits perdreaux. Si ses bébés traversent la route, elle surveille. Si l'un n'a pas traversé, elle va le chercher.

Les Américaines se rapprochent des sangliers.

– La femelle du sanglier nourrit tous les petits, qu'ils soient les siens ou pas, elle ne fait pas attention.

On ne demandera pas à Claude Bébéar qui, des perdrix et des sangliers, sont les plus heureux. Pour lui en tout cas, les femmes, en élevant les enfants, transmettent la civilisation. Une si noble tâche dissuade de trop sacrifier à une autre cause.

Patricia Barbizet préside aujourd'hui le comité d'investissement du Fonds d'investissement stratégique, filiale de la Caisse des dépôts mise en place par Sarkozy pour relancer l'économie française. Elle avait trente-trois ans quand François Pinault l'a recrutée. Aujourd'hui directrice générale de la holding Artemis, présidente du conseil de surveillance de PPR (Pinault-Printemps-Redoute) et membre du conseil d'administra-

---

1. Entretien avec l'auteur, 4 juillet et 23 octobre 2007.

tion de Total, elle parle à une vitesse peu commune. De cette mélomane se dégage une intelligence acérée.

– *Les femmes cherchent le cumul, une forme d'harmonie de vie*[1].

Le cumul ne va pas sans difficultés.

– *J'ai un seul enfant, j'ai été très aidée. Mais toutes les femmes comme moi ont un soupçon de mauvaise conscience familiale.*

La peur de mal s'occuper d'eux, de passer à côté de l'essentiel :

– *Quand on bataille pour élever ses enfants, quand on essaie de mener tout de front, on se dit : « Demain, je fais autrement. » On se dit tous les jours : « Est-ce bien ça qu'on veut ? »*

– Pourquoi faire toujours la même réponse ?

– *Parce que c'est ça qu'on veut.*

Patricia Barbizet invoque les trois motifs américains de réussir : *achievement, power* ou encore *money.*

Elle ne retient que le premier, l'accomplissement.

Depuis 2005, le Women's forum, surnommé le « Davos des femmes », rassemble chaque automne à Deauville plus de mille femmes de la planète ayant réussi au-delà du commun. Dans les couloirs, on peut croiser des personnages illustres, de la reine Rania de Jordanie à Cherie Blair, d'Anne Lauvergeon, présidente d'Areva, à Patricia Barbizet justement. Là, celles qui ont décroché les lauriers du pouvoir et de l'argent devisent sur la domination masculine, sans oublier d'échanger des cartes de visite. Le *Financial Times* a décrit la manifestation comme l'une des plus importantes du monde dans sa catégorie.

La fondatrice du forum, Aude Zieseniss de Thuin, cinquante-sept ans, a un patronyme plutôt évocateur. On s'attend à rencontrer une aristocrate reconvertie

---

1. Entretien avec l'auteur, 7 juin 2007.

en militante, une amazone ou une pasionaria de la féminité combattante. On s'attend surtout à un discours idéologique, qui, sous couvert de plaidoyer pour la parité, défendrait les systèmes de valeur les plus matérialistes, inféodés au schéma de la réussite à tout prix.

Mais non.

Aude de Thuin dit :

– *Je voulais être psychologue*[1].

Elle s'appelait alors Aude Leroux et faisait des études de psychologie. Dans la petite bourgeoisie bretonne dont elle est issue, « faire psy » passait pour un acte insensé, elle dit « cinglé ».

– *Ma mère m'avait donc coupé les vivres. Pour payer mes études, j'étais standardiste dans la boîte de Françoise Dolto.*

Le père d'Aude Leroux est décédé quand elle avait seize ans. Elle lui en a longtemps voulu, jusqu'à une première psychanalyse. La jeune femme s'est mariée ensuite avec un homme qui avait vingt-cinq ans de plus qu'elle. Il s'appelait Thuin. Bientôt, elle a divorcé. En secondes noces, elle a épousé M. Zieseniss, un homme qui avait trois enfants. Avoir le rôle ingrat de la belle-mère lui a valu une deuxième analyse. Jamais deux sans trois. Aude Zieseniss de Thuin se consacrerait à une troisième entreprise introspective pour achever de se supporter elle-même. Au total, non pas sept mais neuf ans de réflexion sur soi !

Dotée d'un solide esprit individualiste, Aude de Thuin s'est lancée très tôt. Ainsi fonda-t-elle le Salon de l'art du jardin ou celui du marketing direct. Un jour, la femme d'affaires envoya une lettre de souscription pour participer au célèbre Forum économique mondial, à Davos. Dans cette bourgade des Alpes suisses, les plus

---

1. Entretien avec l'auteur, 3 janvier 2008.

grands hommes politiques et chefs d'entreprise dissertent à huis clos. Jamais Aude de Thuin ne reçut de réponse à sa demande. Piquée au vif, elle eut l'idée du « Davos des femmes ».

Forte de son expérience, elle relève les caractéristiques du « sexe faible », qui ne l'est plus :

— *Je suis frappée de voir que les femmes n'ont pas toujours envie d'exercer le pouvoir...*

Le regrette-t-elle ? Il ne semble pas.

— *Les femmes se demandent si c'est une vraie finalité.*

Elles font bien, considère-t-elle. Les contre-exemples ont achevé de la convaincre :

— *Je rencontre en Chine des femmes qui exercent le pouvoir dans une solitude totale. Au Japon, elles n'ont souvent pas eu le temps de se marier. Aux États-Unis, beaucoup sont divorcées. Elles ne sont pas heureuses.*

Parfois, même, aux yeux de l'organisatrice du Women's forum, ces femmes sont tout bonnement « terrifiantes ». De l'autre côté de l'Atlantique, elle en a rencontré, des tueuses, sans états d'âme ni émotion. Elles lui ont déplu. Mais selon elle, les femmes qui réussissent en Europe ne sont pas comme ça.

— *Elles veulent gagner sur les deux tableaux.*

Les deux vies. La vie professionnelle et la vie privée. Et surtout :

— *Elles cherchent à rendre les gens heureux autour d'elles.*

Pas comme la plupart des grands patrons, imbus d'égoïsme.

— *Ils font tellement souffrir leur entourage...*

Ah ceux-là !

Elle leur en veut, à ces hommes-là, de se comporter avec dureté envers leurs collaborateurs et avec mépris envers le reste de l'humanité.

— *La mondialisation provoque des stress considérables, une espèce de gouffre dans lequel il est difficile de trouver le bonheur.*

61

À quoi sert de réussir ?

Est-ce là l'« intelligence émotionnelle » des femmes, la capacité à user de mots simples, à évoquer l'essentiel plutôt que l'accessoire, à chercher l'équilibre au lieu de poursuivre des chimères ? En tout cas, elles ne posent pas comme les hommes l'équation de la réussite.

2

À LA RECHERCHE DE ROSEBUD

En apparence, donc, ils font la fine bouche devant le succès. Dans une société qui valorise autant la réussite, voilà qui est très surprenant. Pour comprendre, nous allons devoir sonder les cœurs de ces ambitieux qui cherchent sans cesse à « laisser une cicatrice sur la terre », comme disait Malraux. Il nous faudra résoudre une énigme qui s'appelle Rosebud.

« Je déteste les bourgeois »

> « J'appelle bourgeois quiconque renonce
> à soi-même, au combat et à l'amour, pour sa
> réussite. »
>
> Léon-Paul Fargue
> *Sous la lampe*

C'est amusant.

À première vue, on imagine que la réussite est très simple. On a beaucoup travaillé, la chance nous a souri, tout va pour le mieux dans le meilleur des mondes possibles. On peut alors en profiter, fumer des cigares en buvant de bons vins, et observer autour de soi la fascination exercée sur autrui.

Mais si ce que les premiers témoins de ce livre nous ont raconté n'est pas un mensonge éhonté, si leurs hésitations ont un fond de vrai, alors la réussite sociale a sa part d'ombre.

Prenons-les au mot et suivons leur logique.

Plongeons dans cette ombre.

En avril 2006, François Pinault accorde une interview originale et paradoxale au quotidien *Le Monde*. Bien entendu, le milliardaire n'a pas le mauvais goût de se faire passer pour un prolétaire. Néanmoins, contre toute évidence, l'homme d'affaires conteste appartenir à la classe dominante : « Mon ami Alain Minc dit de moi que je suis antibourgeois. Sans doute a-t-il raison. »

Les bourgeois, il n'y a pas que Jacques Brel qui ne les aime pas. Dans son livre *De la démocratie en Amérique* publié en deux tomes en 1835 et 1840, le libéral Alexis de Tocqueville les jugeait dépourvus de grandeur, portés sur l'amour médiocre du bien-être, avec de piètres ambitions. Il regrettait que les bourgeois préfèrent leurs « petits désirs » et leurs vulgaires besoins plutôt que de se livrer à une « grande passion désordonnée » ou à « des jouissances extraordinaires ».

François Pinault explique au *Monde* : « Je n'ai jamais aimé les gens installés dans leurs certitudes, leur confort, convaincus qu'ils ont raison parce que leurs idées sont les bonnes, qu'ils sont au bon endroit parce que c'est là qu'il faut être, et puis qui ont un certain dédain ou mépris pour les autres[1]. »

Lorsque je rencontre Pinault, je lui repose la question. L'homme est riche. Comment peut-il se considérer comme « antibourgeois » ?

– *Il s'agit de mon rapport aux gens installés, confortables dans une case, qui n'aiment pas la contradiction. On peut être bourgeois de manière modeste ou dans la classe supérieure[2].*

– Est-ce qu'à partir d'un certain niveau de fortune, on n'est pas, par nature, un compagnon de route de l'ordre établi ?

– *La logique, c'est probablement ça. Ne rien remettre en cause. S'estimer à l'abri de tout car vous avez de l'argent.*

Mais Pinault s'inscrit en faux contre la certitude de l'avenir. La sécurité, il ne croit pas que cela existe :

---

1. *Le Monde*, 29 avril 2006.
2. Entretien avec l'auteur, 23 octobre 2007.

– *Tout est fragile, éphémère.*

Dans le grand Monopoly de la vie, il suffit d'un coup de dés pour perdre. Être bourgeois, ce serait croire à la pérennité des situations et des personnes.

– *La « case bourgeois » ne m'intéresse pas.*

Pinault prononce cette phrase sur un ton cinglant. Il n'a pas envie qu'on s'attarde sur le sujet. L'assertion cache une blessure. Laquelle ? Nous ne le saurons pas tout de suite. Il est des secrets qui ne se dévoilent pas si vite.

L'ami que Pinault citait, Alain Minc, pourra-t-il nous en dire plus ?

Dans son bureau de l'avenue George-V, sous de vastes portraits du peintre Francis Bacon, Minc tempête à l'écoute de la sonnerie de son portable en gueulant « putain ! ». Pour le reste, il parle le langage châtié des grandes écoles et des salons :

– *En effet, Pinault n'est pas bourgeois*[1].

Minc ajoute :

– *Les grands capitalistes ne sont pas des bourgeois. Ce sont des entrepreneurs.*

Que veut-il dire par là ? L'économiste Joseph Schumpeter disait que les entrepreneurs sont les « révolutionnaires de l'économie », car ils aiment l'impulsion quand les bourgeois préfèrent la stabilité.

On serait bien en peine de deviner quelle innovation de Pinault l'histoire retiendra, on imagine même qu'elle n'en retiendra aucune. À force de jolis coups, de rachats, de volonté, il a construit un empire, mais cela n'en fait pas un créatif. Cette obsession de l'éphémère est tout de même étrange. Que cache-t-elle ? À plusieurs reprises, Pinault répond qu'il « faudrait demander à un psy ». Il ne donne pourtant pas

---

1. Entretien avec l'auteur, 11 mai et 13 juin 2007.

l'impression de s'être allongé un jour sur un divan pour ressasser le passé, pour comprendre pourquoi il a consacré autant de temps et d'énergie à édifier un empire.

L'énigme du bouton de rose

> « Il me faut maintenant consacrer ma vie à
> la puissance et à l'argent, pour oublier que
> nous manquons tous d'amour. »
>
> Jean-Paul Getty

« Rosebud. » Bouton de rose.

Citizen Kane, un film d'Orson Welles.

Dès les premières images, le magnat Charles-Forster Kane pousse son dernier soupir dans son fabuleux manoir de Xanadu. Au moment de trépasser, il lâche un mot étrange : « Rosebud. » Pendant tout le reste du film, des journalistes vont mener l'enquête pour en comprendre la signification. Qu'avait en tête cet homme richissime sur son lit de mort ?

Au fil de leur enquête, nous découvrons des vérités parcellaires sur Kane. Il apparaît que, malgré son opulence, malgré sa puissance sur autrui, il est resté un enfant insatisfait. Un flash-back nous montre l'homme face à un banquier. Ce dernier demande à Kane ce qu'il aimerait être. La réponse ne se fait pas attendre :

– Tout ce que vous détestez !

On croirait entendre le ton gouailleur de Pinault, une sorte de volonté de choquer, ou d'épater, le bourgeois. De son côté, un ancien ami révèle :

– Ce que voulait Kane, ce n'était pas l'argent !

La fin du film survient, et nous ne savons toujours pas ce qu'est ce fameux Rosebud. Voici le générique. À l'écran, toutes les affaires de Kane brûlent dans un grand feu. Et là, sous nos yeux, au beau milieu du fatras, le nom mystérieux apparaît dans les flammes.

C'était celui d'une luge d'enfant.

Kane – qui ressemble beaucoup à William Randolph Hearst, le magnat de la presse qu'Orson Welles exécrait – est mort avec entre ses lèvres le nom de la petite luge à laquelle il s'accrochait le jour où on l'obligea à quitter sa mère.

C'était la clé de sa vie.

Nos milliardaires auraient-ils aussi un Rosebud ?

L'exemple de Bernard Arnault va nous éclairer. Pinault et Arnault. Ces deux-là se sont fait la guerre pendant des années. Une lutte inlassable et cruelle, comme si la survie de chacun des belligérants en dépendait. Ils ne se battaient pourtant pas à coups de canons, mais à coups de milliards, pour des sociétés de luxe, dont la firme italienne Gucci.

De treize ans le cadet de Pinault, Arnault est plus riche. À la tête du numéro un mondial du luxe LVMH, dont il détient près de la moitié des parts, ce dernier disposerait selon le magazine *Challenges* d'une fortune de près de 15 milliards d'euros. D'année en année, il se trouve au premier ou au deuxième rang des fortunes françaises.

Il y a quelques années, Bernard Arnault assiste à un concert de sa femme Hélène, pianiste professionnelle, à La Chaise-Dieu. Il est venu avec deux de ses amis, Antoine Bernheim, l'un des plus grands financiers du capitalisme français, et un certain Nicolas Sarkozy, dont il sera le témoin lors de son mariage avec Cécilia.

Après le récital, le groupe monte à bord d'une voiture pour reprendre l'avion privé à Clermont-Ferrand. Le trajet doit durer trois heures. Au lieu de prendre des raccourcis, Arnault décide de faire un détour. Il emmène son épouse et ses amis dans un long parcours sur les petites routes de la région, à la recherche d'une maison.

La demeure de sa grand-mère.

L'ayant trouvée, le businessman se recueille devant elle comme un fidèle devant une relique sacrée.

Depuis la mort du grand-père, quand il avait dix ans, Arnault a toujours entretenu un lien privilégié avec cette grand-mère. Il avait même voulu habiter avec elle. Dans les années soixante-dix, quand il dirigeait l'entreprise familiale, il lui rendait visite deux fois par jour, soir et matin, dans la maison des faubourgs de Roubaix où elle vivait alors.

Installé aux États-Unis au début des années quatre-vingt, il l'appelait tous les jours. Au bout du fil, la vieille dame rêvait sur une carte postale du Rockefeller Center de New York, où il avait ses bureaux.

Que nous dit cette affaire ? Qu'Arnault, qui n'est réputé ni pour sa générosité ni pour sa chaleur humaine et appartient plutôt à la race des prédateurs sans foi ni loi, laisse vibrer une corde sensible, celle qui le rattache à la lignée et à l'enfance.

Quelle leçon en tirer ?

Il est bien trop tôt pour conclure. Arnault est aussi mystérieux que Pinault. Pourquoi d'ailleurs ces deux hommes, qui pourraient se prélasser sur leur tas d'or et finir leur jour une coupe de champagne à la main sur un yacht, ont-ils passé autant de temps à se battre comme des chiffonniers, à guerroyer comme dans *La guerre des boutons*, bref à se comporter comme deux sales gosses dans une cour d'école ?

Il n'y a pas de grandes personnes !

> « L'enfant qui ne joue pas n'est pas un enfant, mais l'homme qui ne joue pas a perdu à jamais l'enfant qui vivait en lui et qui lui manquera beaucoup. »
>
> Pablo Neruda
> *J'avoue que j'ai vécu*

En 1965, André Malraux navigue au large de la Crète lorsqu'il commence la rédaction des *Antimémoires*[1]. Dès la première page du livre, le ministre d'État de De Gaulle raconte une conversation qu'il a eue avec l'aumônier du Vercors, en 1940, sous l'Occupation. Dans les montagnes, l'écrivain avait demandé au curé ce que la confession lui avait enseigné des hommes.

L'homme de foi avait observé :

– D'abord, les gens sont beaucoup plus malheureux qu'on ne croit... et puis...

Puis il avait conclu en haussant les épaules :

– Le fond de tout, c'est qu'il n'y a pas de grandes personnes...

Sont-ils puissants, respectés, admirés, les adultes res-

---

1. André Malraux, *Antimémoires*, Gallimard, 1972.

tent des enfants. La phrase peut sembler simpliste, c'est néanmoins une vérité première. « L'aventure individuelle est une passion enfantine », disait de Gaulle. Dans ses *Mémoires,* le Général parle souvent, à propos de lui-même, du « petit Lillois de Paris ».

Le 7 mai 1995, il est 21 heures lorsque Jacques Chirac, qui vient juste d'être élu président de la République, s'adresse pour la première fois aux Français depuis l'Hôtel de Ville de Paris. Sur un ton solennel, il annonce bien entendu que « toutes les énergies seront mobilisées » et « toutes les réussites seront encouragées ». Quelques secondes plus tard, le nouvel élu lâche des mots moins convenus :

– Ce soir, je pense à mes parents.

L'orateur percute les syllabes.

– Ce soir, je pense à mes parents. Je pense aux patriotes simples et droits dont nous sommes tous issus. J'aurai accompli mon devoir si je suis digne de leur mémoire.

Dès son premier discours, Jacques Chirac redevient l'enfant de ses parents.

Sarkozy, lui, ne cesse jamais de l'être.

L'auteur du best-seller *L'aube, le soir ou la nuit,* Yasmina Reza, décrit Sarkozy comme un enfant dans la toute-puissance, toujours à repousser les limites, pour voir jusqu'où il peut aller. Un jour, il lui dit : « Quand j'étais jeune, je pensais : tout est possible. Tout m'était contraire, mais je pensais : tout est possible[1]. » Ce fut justement le slogan de sa campagne.

À Palavas-les-Flots, en 2007, elle le suit, elle a « l'impression de voir un petit garçon ». Elle évoque aussi une visite à la caserne de pompiers Engine 54 Ladder 4 de New York : « Le camion rutilant et irréel

---

1. Yasmina Reza, *L'aube, le soir ou la nuit,* Flammarion, 2007.

rappelle, je ne sais pourquoi, cette photo de lui où on le voit tenir une petite voiture de police des années cinquante. » Lui cite les paroles d'une chanson de Bruce Springsteen, *Into the fire*, sur la force et la confiance.

Même Patrick Poivre d'Arvor ose la comparaison dans son journal. Le 20 juin 2007, le présentateur interroge le nouveau président de retour du G8 à Heiligendamm en Allemagne. Dans le bureau du président, PPDA lance au maître des lieux :

– On vous a vu très à votre aise avec les chefs d'État et de gouvernement, presque même un peu excité, comme un petit garçon qui est en train d'entrer dans la cour des grands...

Sarkozy est manifestement blessé :

– C'est très aimable à vous de présenter les choses comme ça, monsieur Poivre d'Arvor.

Il ajoute :

– Petit garçon, franchement, à cinquante-deux ans, monsieur Poivre d'Arvor, c'est parce que vous avez quelques mois de plus que moi que vous me voyez si jeune.

– Non, mais vous aviez l'air content, ce n'était pas du tout un reproche.

– Oui, c'était même un compliment...

Derrière son ironie cinglante, Sarkozy laisse percer le comble de l'agacement. Pour présenter ses excuses, PPDA enverra un petit mot, rédigé sur un carton illustré du Petit Prince, avec cette citation de Saint-Exupéry : « Toutes les grandes personnes ont d'abord été des enfants. »

Quelques semaines plus tard, le présentateur dira sur Europe 1 que c'était en effet un compliment :

– J'aime bien les hommes qui n'oublient pas qu'ils sont des petits garçons.

Sarkozy a été pris à son propre jeu. Il n'a cessé de jurer avoir été « façonné par les humiliations de l'enfance[1] ».

On n'y a peut-être pas fait très attention, mais il nous explique souvent qu'il a fait de la politique pour panser ses plaies.

– Je me suis souvent senti illégitime, pour des raisons que je ne m'explique pas, mais qui tiennent à mon histoire[2].

Sarkozy laisse penser qu'il a commencé dans le ruisseau. Selon lui, aucune fée ne s'est penchée sur son berceau : « Rien ne m'a été donné. » C'est Cosette à l'UMP ! Une meute de sorcières semble même s'être liguée. Un mois avant son élection, il affirmait à *Paris Match* : « J'ai vite compris qu'il faudrait toujours que je paie plus que les autres. Pourquoi ? Je ne sais pas[3]. »

Sarkozy implorait la compassion : « Peut-être parce que je suis différent, mais j'ai dû me battre plus, depuis le départ. »

À sa naissance, ses parents vivaient tout de même dans un hôtel particulier de la rue Fortuny, dans le 17e arrondissement de Paris, celui du grand-père, ce qui n'était pas franchement la zone. Mais cette vie-là se termina par un divorce. Et, dans la bourgeoisie, à l'époque, c'était un motif de déclassement.

En 2005, Sarkozy participe sur France 3 à l'émission *On ne peut pas plaire à tout le monde*, présentée par Marc-Olivier Fogiel. Alors que le futur candidat parle de tout et de rien, il cite soudain par cœur les paroles d'une chanson de Calogero, intitulée *À part d'un père, je ne manque de rien*[4] : « J'arrête pas d'y penser, si seulement je pouvais lui manquer. Est-ce qu'il va me faire un signe,

---

1. Catherine Nay, *Un pouvoir nommé désir*, Grasset, 2007.
2. *Philosophie magazine*, avril 2007.
3. *Paris Match*, 5-11 avril 2007.
4. Catherine Nay, *Un pouvoir nommé désir, op. cit.*

manquer d'amour n'est-ce pas un crime... À part d'un
père je ne manque de rien. »

Quelle étrange confession.

Sarkozy a-t-il été abandonné par son propre père ?
Andrée, sa mère, relativise, sur une vidéo diffusée par le
site internet, omegatv :

– Abandonner, c'est beaucoup dire. On s'est toujours
vus. Mais enfin bon, il n'était pas là, il faut le reconnaître.

Andrée Sarkozy se souvient que cette antienne de
l'abandon n'est pas récente :

– Quand Nicolas est devenu ministre du Budget, le
journaliste politique du *Point* a écrit : « S'il est si ambitieux, c'est que c'est un enfant abandonné élevé dans la
rue. »

Silence. Puis sa mère, sarcastique :

– Où il a pris ça, personne ne le sait.

Avec humour, elle ajoute :

– C'est vrai que j'ai abandonné mon fils, mais il avait
vingt-huit ans et il était marié. C'est raisonnable tout de
même !

Que le président en rajoute ou pas pour attendrir les
électeurs, il est évident que le mystère réside dans son
enfance, où une partie de lui est restée.

Le divorce ? Son physique, sa taille ? Ses origines hon-
groises ?

Nul ne sait, pas même lui, la vérité sur son Rosebud.

La rue où il ne passera plus

> « Il y a quelque chose de plus triste que de
> vieillir, c'est de rester enfant. »
>
> Cesare Pavese
> *Le métier de vivre*

Je demande à François Pinault ce qu'il pense de l'affirmation selon laquelle « il n'y a pas de grandes personnes ».

– Je crois que c'est vrai. Mais forcément que mon parcours m'a changé[1].

La directrice générale d'Artemis, Patricia Barbizet, présente lors de l'entretien, souffle :

– Votre parcours vous a patiné ou poli.

– Je suis moins brutal ? interroge-t-il.

– Non, répond-elle.

Pinault paraît soulagé de cette réponse, comme si sa brutalité le rassurait, comme si elle était synonyme de vivacité, voire de survie dans la cour de l'école.

Il est temps de demander à l'intéressé quel est son « Rosebud ».

– Je n'en ai pas.

---

1. Entretien avec l'auteur, 23 octobre 2007.

Point. Peut-être est-il de bonne foi, mais il masque la vérité. Il n'est pas facile pour un roi de se dénuder. Il faut fouiller plus profondément :

– *Le guide de ma vie, c'est mon père, qui m'a appris le respect des autres et le sens de l'effort. Je me souviens d'une histoire. Après guerre, les prisonniers allemands pouvaient venir tra-vailler la terre. Il y en avait un chez nous. Un jour, mon père a invité l'Allemand à prendre ma place à table.*

Pinault rit :

– *Je le vois encore, assis à ma place.*

À l'époque, le jeune François a mal pris qu'on prenne sa place à table.

– *Mécontent, j'ai plaqué tout, j'ai claqué la porte. Si je retournais là-bas dans notre ferme, je saurais encore l'endroit exact où tout cela s'est passé. C'était une bonne leçon.*

Ce fut une leçon, pas une humiliation. L'explication est ailleurs. Pour la trouver, comme le journaliste du film *Citizen Kane*, il nous faut reprendre.

Après la vie à la campagne, le jeune Pinault intègre le collège Saint-Martin de Rennes. Il parle une langue qui confine au patois, et là, face aux élèves de la ville, c'est un choc. Il l'évoquera en 1991 dans *Le Journal du diman-che* : « Je venais de ma campagne, je parlais mal le fran-çais et j'étais mal habillé[1]. » Entre eux, les élèves peuvent être durs : « Les fils de commerçants se moquaient de moi. » On imagine l'élève, dans sa blouse, ulcéré des sar-casmes. Pour se défendre, il lui fallait jouer les gros bras : « Je m'en suis payé pas mal. Ma spécialité, c'était le coup de boule. Bien fait, ça ne laisse pas de trace à celui qui le donne[2]... »

À cette évocation, Pinault part d'un sonore éclat de rire. Avec sa complexion trapue, on sent qu'il a gardé en

---

1. *Le Journal du dimanche*, 1er décembre 1991.
2. *Ibid.*

lui ce geste qui part de la poitrine. Ce négociateur hors pair a dû faire peur à certains de ses interlocuteurs.

Voici ce qui l'a motivé :

– *Moi, au départ, c'est l'envie d'en sortir. Je ne supportais pas de voir des gens se moquer de moi parce que je n'avais pas grand-chose.*

Il se vengerait. Il les dépasserait tous !

Mais la vie n'a pas érodé l'humiliation, ou si peu. Lorsqu'il se rend à Rennes, Pinault prend toujours soin d'éviter la rue du collège Saint-Martin :

– *Ce qui est passé est passé. Il y a des traces d'endroits où je suis passé et où je ne remets pas les pieds.*

Ces traces qui l'ont meurtri.

Peut-être ces futurs capitaines ont-ils subi ce que subissent tous les enfants dans presque toutes les cours d'école de France. Toujours est-il qu'en leur for intérieur le retentissement est tel que l'onde de choc se propage toute leur vie.

Le conseiller de l'ombre, toujours prêt à livrer ses analyses, Alain Minc, a observé le phénomène :

– *Je n'ai pas une vision nietzschéenne, je ne dis pas que ce sont des surhommes. Ils ont des béances, des failles gigantesques*[1].

– *Lesquelles ?*

– *Ils sont très fragiles*, poursuit Minc.

– Trop narcissiques ?

– *Pas narcissiques. Ils ont tellement d'ego qu'ils n'en ont pas. Ils sont tellement sûrs d'eux qu'ils reconnaissent leurs conneries et acceptent la contradiction. Ils changent d'avis très vite.*

– Mais alors ?

– *Ils ont une extraordinaire violence caractérielle. Ce ne sont pas des êtres totalement équilibrés. Ils n'ont pas le même équilibre qu'un prof de khâgne d'Henri-IV.*

---

1. Entretiens avec l'auteur, 11 mai et 13 juin 2007.

– Au cours de leur vie, ils ne s'équilibrent pas ?
– *Si peu.*
– Quand ils tombent, ne se mettent-ils pas à réfléchir ?
– *En cas d'échec, ils ne s'interrogent pas. Ils repartent.*
– Cela ne s'arrête jamais ?
– *Quand vous travaillez avec un manager, qu'il a fait un coup, le lendemain, il part en week-end avec sa femme. Le grand capitaliste, le lendemain, il vous rappelle à 7 h 30 et vous dit : « Maintenant, qu'est-ce qu'on fait ? » Ils sont rarement heureux, comme les grands politiques.*

La réussite ne va pas sans une terrible angoisse.

La pieuvre dans l'estomac

> « Angoisse métaphysique : ou l'apaiser
> avec un Dieu, ou la noyer dans le plaisir, ou
> la guérir par des pilules. »
>
> Edmond Rostand
> *Carnets*

L'angoisse.

La réussite au masculin ne semble donc pas le monde
de sérénité et de paix qu'on pouvait à bon droit imaginer.

L'un des tycoons français, Vincent Bolloré, a longtemps connu ce douloureux sentiment, cette crainte qui
étreint ses pairs. Son angoisse, il l'avait baptisée « la
pieuvre ». De cette pieuvre, il a subi les assauts au début
des années quatre-vingt. Il avait une trentaine d'années
et rachetait la papeterie familiale.

*— J'étais réveillé par de grandes angoisses, l'estomac tordu, et
le cerveau qui commençait à travailler, à réfléchir*[1]...

Pour résister, il n'avait trouvé qu'un moyen :

— Je me levais et rentrais dans l'action.

---

1. Jean-Louis et Perla Servan-Schreiber, *Le métier de patron*,
Fayard, 1990.

L'action semble avoir été un bon remède. Des années plus tard, alors que son groupe commençait à prendre forme, Bolloré confia en effet à une journaliste :

– *Aujourd'hui, j'ai l'impression que c'est tout propre dans ma tête.*

C'est lui qui le dit.

Si l'on résume, Vincent Bolloré se serait lancé dans de grandes entreprises pour fuir la pieuvre, et ainsi lui aurait-il échappé.

L'action peut-elle être un remède ?

Il faut demander à un spécialiste.

Jacques Servier est un spécialiste des médicaments et de l'action. Après la Seconde Guerre mondiale, son diplôme de médecine en poche, cet ancien jeune homme a racheté un laboratoire à Orléans, un labo de rien du tout, avec neuf employés. Un demi-siècle plus tard, sa société emploie 20 000 personnes, est présente dans 140 pays et vend 82 % de ses médicaments à l'international.

Jacques Servier est avare d'interviews. Mais il fait exception et reçoit au siège de son entreprise, à Neuilly. Lui, il le dit franchement, la pieuvre, il n'a pas réussi à la chasser. À quatre-vingt-sept ans, Servier concède que tout ce qu'il a fait « *est le fruit du désespoir* ». Dans l'entreprise de sa vie, dans son travail quotidien, le patron ne trouve jamais le repos.

– *J'essaie de faire une bonne tête, mais j'ai une angoisse permanente[1].*

Je lui demande si tout de même, avec la réussite, avec l'âge, la sérénité n'est pas venue.

– *La sérénité est un sentiment que je n'ai jamais connu. Je suis content que vous me disiez que ça existe. La sérénité économique, peut-être, mais la paix de l'âme...*

---

1. Entretien avec l'auteur, 13 septembre 2007.

Pour illustrer son propos, Servier évoque le philosophe allemand Arthur Schopenhauer. Je lui dis : « Voilà qui n'est pas très optimiste. » Il répond :
— *Exact, la vie est une vallée de larmes !*
Schopenhauer est le théoricien de la volonté. Auteur en 1819 du *Monde comme volonté et comme représentation,* il soutenait que le vouloir, la volonté, préexiste à la conscience et à la connaissance.
Est-ce la raison pour laquelle Servier a créé le deuxième plus grand laboratoire pharmaceutique français ? L'intéressé croit en tout cas à une réalité mystérieuse nourrie d'angoisse, de plaisir et de sens.
— *C'est cet instinct d'exploration, de survie, qui vous pousse à agir. L'« élan vital » est ce qui manque le plus aux gens atteints de dépression.*
Je lui demande d'où lui vient son propre « élan vital ».
— *On hérite cette énergie à sa naissance. Elle peut être amplifiée ou atrophiée par la suite. L'époque a dû jouer un grand rôle. Enfant, j'ai vécu la grande crise de 1929. Il faut de la volonté pour survivre ou tout simplement ne pas devenir SDF !*
« Inventer ou mourir », telle est la devise préférée de Servier. Ce vieux monsieur introduit donc une notion que notre société moderne refoule, cache, voire réprouve, celle de la mort qui nous guette. Nous pouvions croire qu'avec les bonnes fortunes nous allions aborder des sujets légers, et nous voilà ramenés en quelques pages à l'idée que la toute-puissance terrestre a à voir avec notre fin.

Un petit vélo dans le désert

« Chacun de nous est un désert : une
œuvre est toujours un cri dans le désert. »

François Mauriac
Dieu et Mammon

Au fil de cette enquête, une tendance commence à apparaître. Toutes ces personnalités qui fascinent, qui parfois jouent la comédie du bonheur, ne sont pas les êtres légers et heureux que nous supposions.

Ce sont souvent des enfants meurtris.

Presque toujours angoissés.

Qui cherchent à soigner des blessures.

Et qui, sans doute, au fond d'eux-mêmes, supportent mal notre condition de mortels.

Entre toutes ces notions, il nous faut maintenant déterminer le lien.

Dans *Citizen Kane*, le lien c'était la luge d'enfant du magnat, celle à laquelle le magnat s'était accroché le jour où il avait été arraché des bras de sa mère.

Parmi les hommes que je vais rencontrer, l'un va me désigner le « Rosebud » de son enfance avec une précision étonnante.

Mohed Altrad.

Son nom n'est pas connu du grand public, mais il le mériterait.

En 1985, ce dernier racheta une petite société d'échafaudages de l'Hérault, qui venait de déposer son bilan. À trente-sept ans, avide de réaliser de « grandes choses », il rebaptisait la société à son nom. Il en ferait le numéro un européen de l'échafaudage et le numéro un mondial de la bétonnière. Le groupe Altrad emploie désormais 3 500 personnes et dispose de filiales dans 45 pays, en Tunisie, en Chine, au Canada, en Russie... Mohed Altrad est aujourd'hui un homme très riche.

Au bar d'un palace parisien, le Plaza Athénée, il me parle non d'une luge, mais d'un vélo.

Pour comprendre l'importance de ce vélo que lui avait offert son père quand il avait cinq ou six ans, il faut revenir quelques années auparavant.

Dès ses premiers jours, Mohed Altrad a connu le dénuement absolu.

Il a vécu son enfance au fin fond de la Syrie, dans un froid désert. Il ignore son année de naissance. Est-ce 1948 ou 1951 ? Sur la journée où il vit le jour, Altrad sait simplement une chose essentielle, car elle influença toute son enfance. Ce jour-là, le jour de sa naissance, son père, chef d'une tribu, répudia sa mère.

— Ma mère a accouché toute seule. Elle a coupé le cordon ombilical avec les dents[1].

Avec elle, le bambin vécut tel un paria, au ban de la société bédouine. Et bientôt ce fut sans elle, car elle mourut prématurément. Avec dignité, l'intéressé raconte cette triste histoire :

— J'ai connu les vertiges à cause du froid, la soif, la faim. Je connais la couleur de la faim. Je sais ce que c'est de se dire qu'on peut mourir faute d'avoir mangé pendant dix jours.

---

1. Entretien avec l'auteur, 25 septembre 2008.

La mort, déjà.

– *Très jeune, j'ai vu des gens tuer, se faire massacrer, mourir. Ça ne me fait pas peur de mourir, même si peut-être j'essaie d'éviter ce rendez-vous.*

Un jour, à force de voir l'enfant faire le pied de grue devant l'école, un enseignant le fit entrer. Le petit Mohed, qui pour tout vêtement portait une djellaba déchirée, n'avait ni crayons ni cahiers.

– *Un jour, je devais avoir cinq ou six ans, je n'ai jamais compris pourquoi, mon père m'a acheté un vélo. Ce vélo, je l'ai loué à d'autres enfants, j'utilisais l'argent pour acheter des crayons.*

Indirectement, ce vélo lui permit donc de travailler à l'école.

– *Le jour de ma mort, je prononcerai peut-être le mot « vélo ».*

Devant le tableau noir, l'humble garçon devint le meilleur élève de sa province. Si bien qu'à dix-sept ans il fut reçu par le ministre de l'Éducation nationale syrienne.

– *Que veux-tu faire ?* demanda l'éminence.

– *Pilote de chasse !*

Ainsi le jeune Altrad se retrouva-t-il à l'université de Montpellier. Il en sortit ingénieur, chez Alcatel, Thomson, puis dans la compagnie pétrolière nationale des Émirats arabes unis. Jusqu'à ce qu'il achète l'entreprise d'échafaudages avec le pécule qu'il avait amassé.

Nous sommes toujours au bar de l'hôtel Plaza Athénée, dans la richissime avenue Montaigne. Le plafond déborde de dorures. Je fais observer à Altrad que c'est ici non pas un endroit différent du lieu de ses origines, mais « le contraire ». Les antipodes. Il réfléchit.

– *Vous savez, cette histoire a créé des déséquilibres...*

L'échafaudage relève de la science de l'équilibre. Ce n'est peut-être pas un hasard s'il a choisi cette industrie.

Le Bédouin vit dans la contemplation, l'homme d'affaires dans l'action. À l'écoute de cette observation, Altrad sourit :

— J'ai transposé des traits bédouins dans mon métier. Je dirige un groupe de 3 500 personnes, avec des filiales dans 45 pays, mais je n'ai ni chauffeur, ni bureau, ni même une secrétaire.

Pour le joindre, j'ai multiplié les appels. La standardiste disait en effet ne pas pouvoir me mettre en ligne avec une secrétaire.

— Normalement, un patron comme moi devrait avoir trois ou quatre assistantes. Quand je compulse un dossier, je le confie à qui de droit sans autre procédure. Je suis un nomade. Dans ma démarche, il y a beaucoup d'intuition. Le Bédouin vit avec très peu de repères : le vent, le sable, les reliefs.

— Votre trajectoire vous a-t-elle rendu heureux ?

— Non. La notion de bonheur recouvre pour moi quelque chose de permanent. Or tout ce que je fais est provisoire. Je recherche toujours une porte de sortie honorable.

Honorable.

Je lui demande si le qualificatif renvoie au déshonneur initial de la répudiation.

— Vous ne pouvez pas imaginer ce que c'est qu'être le fils d'une femme répudiée. Vous êtes moins que rien.

Altrad est fasciné par la contraction du temps. Il a le sentiment d'être passé de l'ombre, du « complètement noir », à la lumière, en l'espace d'une seule vie. Normalement, il faut plusieurs générations. Bref, il a pris la vie de vitesse. D'ailleurs, malgré un emploi du temps de chef d'entreprise très serré, Altrad réussit à vivre plusieurs vies en même temps. Il écrit des livres de management et des romans de très belle facture. Dans *L'hypothèse de Dieu*[1], il fait dire à un religieux : « La mort est, pour l'homme immortel, un piège et un asservissement. »

---

1. Mohed Altrad, *L'hypothèse de Dieu*, Actes Sud, 2006.

À la recherche de Rosebud

Grâce à cet homme né au désert, nous venons de comprendre que les gens qui réussissent sont peut-être tout simplement des êtres humains qui craignent la mort, et, pour ne pas plier le genou devant elle, ne pas se soumettre, l'affrontent par leurs projets.

Bien entendu, il y a moult autres moyens de lutter contre la finitude mais il apparaît que la réussite sociale est moins légère qu'on ne croit souvent.

Aujourd'hui maman est morte

> « La meilleure raison pour se suicider,
> c'est la peur de la mort. »
>
> Amélie Nothomb
> *Métaphysique des tubes*

Le 28 novembre 2005, alors que des émeutes mettent la France à feu et pas à sang, Sarkozy s'apprête à remettre une décoration dans la salle des fêtes du ministère de l'Intérieur. Ironie du calendrier, le futur président va accrocher la rosette de la Légion d'honneur au revers de la veste d'un homme qui, lui aussi, aurait pu rester reclus dans son quartier.

Fabrice Larue est un entrepreneur de médias, dont le nom est inconnu du grand public, mais dont la réussite est évidente. Ancien directeur de Radio Nostalgie, il a fait carrière au côté de Bernard Arnault, en dirigeant son pôle médias, DI Group, son pôle horlogerie, Benedom, et en prenant la tête du conseil de surveillance du joaillier Fred. En 2004, il a racheté au *Monde* le groupe Presse informatique, rebaptisé depuis Datem.

Aujourd'hui, il possède la société audiovisuelle Telfrance, qui produit le feuilleton de France 3 *Plus belle la vie*.

Des humiliations d'enfance, Larue en a subi.

Des vraies.

Au micro, devant une assemblée qui réunit quelques figures du capitalisme français, dont Antoine Bernheim et Marc Ladreit de Lacharrière, Sarkozy disserte, sur un ton très ironique :

– Je suis toujours fasciné par les qualités que les autres ont et que je n'ai pas. Cette ambition qui te travaille, comme ça...

L'auditoire s'esclaffe.

– ... je la regarde de façon étrange, comme quelque chose qui m'est complètement étranger...

Rires à nouveau.

– ... On est attiré par ses contraires...

Quand il parle d'autrui, Sarkozy parle encore de lui-même... La suite est plus intéressante, car, à son insu, le futur président fait des confidences.

– Aimer la vie, c'est quand même la première des noblesses. On ne sait pas d'où ça vient, où ça va...

Il poursuit :

– Aimer la vie, c'est quand même quelque chose de très fragile.

Sarkozy est-il bien conscient de la manière dont ses propos sont susceptibles d'être interprétés ? Si l'on comprend bien, il confie que, pour lui, l'amour de la vie n'a rien d'évident, et que la manifestation de cet amour, c'est l'ambition. Du syllogisme, l'on peut déduire qu'il n'aimerait pas la vie sans l'ambition.

C'est triste. D'autant plus triste qu'il ajoute :

– L'ambition, ça ne fait pas le bonheur, Fabrice, reste tranquille.

Pourquoi « reste tranquille » ? Cela signifierait-il : « Ne te fais pas d'illusions » ?

C'est pourtant le bonheur que Larue a tenté de trouver avec la réussite.

Ce dernier reçoit dans les bureaux d'une fiduciaire à son nom, avenue George-V à Paris. Cheveux gominés en arrière, yeux perçants, poignée de main ferme, il a l'allure d'un golden boy de Wall Street. À peine assis, Larue pose ce masque. Sa voix se noue, son regard s'embue.

– À la remise de décoration, juste après les discours, mon frère, soixante-dix ans, dont quarante-cinq ans dans l'entreprise de charbonnerie, m'a pris à part et m'a dit : « Tu sais, j'irai rejoindre papa et maman avant toi, et je leur dirai qui tu es[1]. »

Car cet homme s'est extrait de son milieu pour traverser les hiérarchies sociales. En 1973, Larue fut éconduit du collège avant même le BEPC. À cause d'une moyenne désastreuse en maths, le conseil de classe avait conclu : « Pas de seconde en vue, on ne sait quoi conseiller. » Le conseil de classe aurait pu suggérer une échappatoire, mais non, « on ne sait quoi conseiller ». L'enseignement, en France, dans toute son imbécillité !

Larue poursuit :

– Mon premier métier, c'était charbonnier.

– Vous vous faites virer de l'école, vous livrez du charbon, vous conduisez le camion.

– Vous êtes devant un tas de charbon. Avec une bascule qui fait 50 kilos, il faut remplir les sacs en toile de jute. Pour livrer 10 tonnes, comme je le faisais le samedi matin, ça faisait 200 sacs à mettre sur un camion. Vous vendez à la chine. Vous savez ce que c'est la chine ?

– Non.

– C'est aller dans les cités, crier « charbon ! », les gens vous disent « un sac, deux sacs ! ». L'hiver, l'humidité chargée de charbon descend dans votre col. Le samedi soir, ma mère me frottait le dos car j'avais des traces noires. En dépit de la dureté

---

1. Entretiens avec l'auteur, 29 novembre et 7 septembre 2007.

91

de cette vie-là, j'ai passé cinq ans formidables. On se levait tôt. On cassait la croûte tous ensemble.

C'était la France de la nationale 7, de la Peugeot 403, des casse-croûte et des déjeuners en famille. Et puis l'entreprise a périclité. Il fallut la revendre.

Mais Larue n'a pas encore raconté ce qu'il y a sans doute de plus crucial dans son histoire personnelle. Soudain, sa voix s'infléchit. Il va prononcer la phrase suivante d'un ton sec, comme une explosion.

– *J'avais vingt ans quand ma mère s'est suicidée.*

Elle n'avait pas supporté que l'entreprise familiale périclite. À quatre ou cinq reprises, elle avait essayé, mais le fils l'avait toujours rattrapée. Un jour, il s'est disputé avec elle ; peu après, elle a réussi à se porter un coup fatal.

– *Face à ça, soit vous vous battez et vous devenez plus fort, soit vous ne vous battez pas, et vous mourez.*

C'est pourquoi il s'est jeté à corps perdu dans le travail.

Larue, donc, devait guérir d'humiliations et de blessures.

Les deux.

A-t-il réussi ?

– *Cette fuite en avant, le fait de se soûler dans le travail, c'est un suicide. Comme dans l'expression « se tuer au travail ».*

Avant de prendre congé, il fait remarquer que la biographie qui l'a le plus inspiré est celle d'Onassis. Non, non, il ne s'identifie pas à lui, affirme-t-il, mais tout de même :

– *Onassis s'est fait virer de Turquie parce qu'il était grec. Il a vu toute sa famille tuée. La mort, encore la mort.*

– La mort, c'est toujours votre moteur ?

– *C'est fini*, jure-t-il.

Pour autant, la réussite l'a-t-elle sauvé, a-t-elle effacé, ne serait-ce qu'un peu, la douleur originelle ?

– *Non, non, je n'ai pas guéri tous mes démons. C'est la course entre nos ambitions et le temps.*

Au début du *Mythe de Sisyphe,* Albert Camus écrivait que « le suicide est le seul problème philosophique vraiment sérieux ». À la lumière de ce premier témoignage, il apparaît qu'un suicide peut être le ressort de toute une vie, et même l'explication d'une réussite.

Le seul problème vraiment sérieux

« On n'a plus beaucoup de musique en soi
pour faire danser la vie, voilà. »

Louis-Ferdinand Céline
Voyage au bout de la nuit

À la dernière page du *Père Goriot*, le personnage est mis en terre au cimetière du Père-Lachaise. Ses deux filles, pour qui il s'était saigné aux quatre veines, n'ont pas pris la peine de se déplacer. Les croque-morts descendent la dépouille dans la fosse. Un jeune homme arrivé de province quelque temps auparavant, Eugène de Rastignac, accompagne le défunt.

En peu de temps, Rastignac vient de perdre sa naïveté. Sur le cercueil, il verse sa dernière larme de jeune homme. Il est six heures, le soir tombe. Du haut du cimetière, il contemple Paris. Ses yeux s'attardent entre la colonne Vendôme et le dôme des Invalides, là où vit le beau monde dans lequel il voudrait pénétrer. C'est à cet instant qu'il lance la fameuse phrase : « À nous deux maintenant ! » C'est par ce cri du cœur, lancé au-dessus d'une tombe, qu'il annonce qu'il veut devenir *quelqu'un*.

Et si Rastignac était toujours vivant ?

La présentatrice du journal télévisé le plus regardé de

France, Laurence Ferrari, parle volontiers d'elle-même, mais oublie toujours d'évoquer un événement dont on a plus que du mal à croire qu'il fut anodin : le suicide de sa mère, en 1989. C'est le père de la journaliste qui révéla cette douleur intime, le 23 juillet 2008, dans une interview à *Lyon Mag*[1].

La fascination de son prédécesseur, Patrick Poivre d'Arvor, envers la mort et l'appétit de vie qui en a découlé sont plus connus.

L'homme qui pendant des décennies a divulgué chaque soir à la France les nouvelles du monde est lui aussi obsédé par la question du suicide, à laquelle il a payé un triste écot.

Le nom de l'émission qu'il présente sur Arte : *L'avis est courte.*

Dès son plus jeune âge, PPDA reprochait à Dieu d'avoir inventé la mort.

– *Durant ma jeunesse, j'ai eu une maladie qui a failli m'emporter. Des gens soignés autour de moi partaient. Cela m'a marqué*[2].

En 1982, Patrick Poivre d'Arvor publiait *Les enfants de l'aube*, un roman écrit pour l'essentiel près de vingt ans plus tôt, à l'âge de seize ans. Ce best-seller dans lequel il racontait sa maladie se vendit à plus d'un million d'exemplaires. En 1984, PPDA publiait son deuxième roman, *Deux amants.*

– *Ce livre s'ouvre sur un suicide et se ferme sur un autre.*

Dans le livre, une fillette trouve les corps de deux personnes qui ont mis fin à leurs jours du haut d'une falaise en Cornouailles.

– *Hélas, l'une de mes filles s'est suicidée.*

Dans son bureau, PPDA vient de dire l'essentiel.

---

1. *Le Monde*, 26 août 2008.
2. Entretien avec l'auteur, 10 juillet 2007.

Un après-midi de janvier 1995, sa fille Solenn, depuis longtemps malade d'anorexie, s'est jetée sous le métro à la station Sablons. Comme chez lui tout finit par un livre, PPDA publia *Elle n'était pas d'ici*. Mais PPDA avait déjà perdu une autre enfant, Tiphaine, en décembre 1974, de la mort subite du nourrisson. Et sa sœur jumelle, Virginie, a disparu à vingt ans dans un accident d'hydravion au large de l'île Maurice.

– *D'une certaine façon, je rôde autour de ça, car ça rôde autour de moi.*

Dans cette nuit de l'âme, plutôt que de s'arrêter pour scruter, il préfère avancer sans cesse.

– *Quand on ne pédale plus, on tombe, donc on est obligé de pédaler encore plus. Après la mort de Solenn, j'aurais pu tout arrêter. Mais il m'a fallu avancer, comme le petit cheval de Paul Fort dans la tempête.*

Avancer sans cesse, l'obsession de ceux qui réussissent.

Poivre d'Arvor jure apprécier les destins brisés à la Rimbaud, à la Lautréamont, « ceux qui ont su vivre d'absolu et partir sans laisser derrière eux de petites traces d'amollissement[1] ». Depuis sa maladie, il considère avoir la force des rescapés, l'énergie de ceux qui veulent brûler la vie par les deux bouts. Le « plus vieil adolescent du monde », comme il se définit, aime à courir au-dessus du précipice. Jusqu'à son dernier souffle, il cultivera sa vitalité, pour ne jamais finir « éteint ».

– *J'ai besoin que ça palpite, que ça bouge, que ça pulse. C'est des mots qui ont un rapport avec le cœur. J'ai besoin d'aimer. J'ai sans doute besoin d'être aimé.*

Éros et Thanatos.

En 2004, dans son roman *La mort de Don Juan*, il campait un héros qui « n'aime que l'art, les enfants et la

---

1. *Télérama*, 16 mars 2005.

mort » et plus tard « les bains de mer, les femmes, les livres ».

Lui-même tout craché.

Il faut l'avoir vu séduire de toutes ses forces, se jeter dans la mer à minuit pour démentir son âge, faire des sauts de puce à l'autre bout du monde.

– *Tout ça est de l'ordre de l'inconscient. Sans doute ai-je fui dans une frénésie de vie pour repousser ma mort comme celle des autres.*

Ce n'est pas « sans doute », c'est absolument évident.

Le journaliste Jean-Pierre Elkabbach n'a pas fait autre chose.

Le 3 octobre 1949, le jour du Grand Pardon, Elkabbach avait douze ans. Le matin, à la synagogue d'Oran où vivait sa famille, son père avait lu la grande prière. L'après-midi, ce dernier décéda chez lui, dans son lit. Il avait juste eu le temps de susurrer : « C'est rien... C'est rien, mon fils. »

– *Vanité des vanités. À onze ans, j'apprenais que tout n'est que vanité, devant le corps de mon père étendu à même le sol, contre le mur de ce qui avait été sa chambre.*

Elkabbach, qui vit disparaître cinq de ses proches l'année suivante, se fit alors une promesse.

– *Je me souviens précisément du jour où, à quatorze ans, le regard arrêté sur son nom gravé dans le marbre, je me suis juré que ce nom, qui était aussi le mien, serait connu. Je le ferais connaître.*

En 1982, son épouse, Nicole Avril, l'interroge[1] :

– La célébrité, peu importent les moyens ?

– *Pour moi, à cet âge, personne ne pouvait atteindre la célébrité sans avoir réussi une œuvre, ou de grandes actions. Les morts, mes amis, n'allaient pas me contredire.*

---

1. Nicole Avril et Jean-Pierre Elkabbach, *Taisez-vous Elkabbach !*, Flammarion, 1982.

– N'y avait-il pas chez toi une complaisance un peu morbide ?

– *Pas du tout. J'en ressortais avec une impression d'euphorie et de puissance, comme purifié. Il me semblait que plus rien ne me détournerait du but que je m'étais fixé.*

L'intervieweuse demande à Elkabbach si, dans l'attente de son glorieux destin, il ne lui manquait pas l'appétit de la vie :

– *J'avais un extraordinaire appétit de la vie au contraire. Je l'attendais. J'y aspirais.*

Pour laisser son nom.

Conquérir une minuscule parcelle de postérité.

Cette envie taraude ceux qui ont déjà touché du doigt la fin. Les trompe-la-mort, qui veulent fuir l'idée sinistre de se retrouver un jour six pieds sous terre à manger les pissenlits par la racine.

3

UN PETIT MORCEAU
D'IMMORTALITÉ

Dans notre société de consommation, cette société du spectacle où les désirs sont portés vers les biens matériels, il peut à première vue sembler saugrenu de considérer que les grands destins sont liés à des raisons morbides. La mort est oubliée, occultée, il n'empêche que nous avons besoin de la combattre. Réussir, c'est avoir la présomption de gagner contre elle.

Quand Chirac reste sans voix

> « Il s'agit de savoir si l'intoxication par l'action peut faire taire la question que la mort pose à l'homme. »
>
> André Malraux
> *Antimémoires*

Lors de ce rendez-vous où il ne se montre pas disert, je parle de cette question à Chirac. Je suis bien conscient qu'aborder le thème de la mort avec un homme de soixante-seize ans peut s'apparenter à une provocation.

Il faut donc user d'un moyen détourné.

Je demande à l'ancien président de la République s'il a trouvé la réponse aux questions figurant en titre de sa note existentielle : « D'où venons-nous ? Qui sommes-nous ? Où allons-nous ? »

Il ne répond toujours pas.

J'insiste. Il finit par murmurer en formulant à nouveau l'une des trois questions :

– *Où on va ?*

– Dites-moi, monsieur le président.

– *En tout cas, on y va tout droit,* assène-t-il.

Il n'ira pas plus loin ! Là où Mitterrand aimait disserter sur le sujet, lui semble comme paniqué.

J'essaie de poursuivre.

En vain.

Chirac refuse catégoriquement de s'aventurer plus loin, il jure que ce sujet l'indiffère. Je lui rappelle les propos tenus par son épouse Bernadette au journaliste Pierre Péan en 2007 :

– Chez mon mari, le questionnement sur la mort n'est pas un trait de fin de vie ; il existe en lui depuis qu'il est tout jeune. Il est habité par cette affaire[1]...

Rien à faire, Chirac feint de s'étonner que sa femme le connaisse si mal.

De fait, il en parle rarement. Dans les années quatre-vingt, il en dit quelques mots dans un documentaire. Les interviewers lui avaient posé la question :

– Vous pensez quelquefois à votre mort[2] ?

– *Je ne suis pas angoissé par la mort. C'est un événement qui doit intervenir, qui interviendra lorsque le moment sera venu. Et puis je suis de ceux qui nourrissent un espoir pour après la mort. Si bien que ce n'est pas une idée qui me traumatise.*

L'un de ses anciens directeurs de cabinet, Bernard Billaud, explique pourquoi Chirac se montre aussi peu disert :

– *La mort est un sujet qui doit probablement occuper son esprit, mais qui n'est pas un de ses sujets de conversation mondaine, ni même spirituelle. La mort, c'est quelque chose que l'on supporte et que l'on assume soi seul[3].*

Même Sarkozy, dont la métaphysique n'est pas le sport favori, est plus loquace. En le suivant pendant sa campagne électorale de 2007, l'écrivain Yasmina Reza a contemplé « un homme qui veut concurrencer la

---

1. Pierre Péan, *L'inconnu de l'Élysée, op. cit.*
2. Documentaire de Pierre Jouve et Ali Magoudi.
3. Entretien avec l'auteur, 11 janvier 2008.

fuite du temps ». Un homme qui veut vivre trop. Un homme qui à force de trop vivre, va peut-être, comme dans le livre de Luc Bondy, « sans détour vers la mort ». À plusieurs reprises, elle l'a entendu répéter devant des parlementaires que « l'immobilité c'est la mort[1] ».

Au côté de Reza, Sarkozy visite la prison pour femmes de Rennes. Dans la chapelle, il converse avec sœur Anne. Lui :

– La vie est lourde.

– Oui, répond-elle.

– Pas seulement en prison, ma sœur. La vie est lourde[2].

« La vie s'ouvre-t-elle sur le néant ? » est une question qu'il pose souvent. Lors d'un meeting de l'UMP, le 5 novembre 2004, Sarkozy interroge : « Au nom de quoi serait-il contraire à l'idéal républicain de se poser la question de la vie et de la mort ? Au nom de quoi ce sujet qui concerne chacun d'entre nous lorsqu'on va à l'enterrement d'un proche et qu'on se demande "pourquoi ?", au nom de quoi, ce sujet-là, on ne devrait pas en parler entre nous ? »

En 2007, lors d'un entretien avec le philosophe Michel Onfray, il aborde la question une nouvelle fois :

– *Chaque fois que l'un d'entre nous accompagne un proche en sa dernière demeure, se pose la question de l'espérance : la vie s'ouvre-t-elle sur le néant[3] ?*

Onfray lui rétorque :

– D'après vous, la religion est là pour tranquilliser l'homme, pour l'apaiser face au scandale de la mort ? Je

---

1. Yasmina Reza, *L'aube, le soir ou la nuit*, op. cit.
2. *Ibid.*
3. *Philosophie magazine*, avril 2007.

vous donne raison : effectivement, la religion sert à rassurer et elle ne sert qu'à ça.

Sarkozy :

– *Le « qu'à ça » est énorme !*

L'obsession des présidents

> « C'est faire tout ce qu'on peut, et ça Spi-
> noza le dit formellement, pour précisément
> conjurer les morts prématurées [...] pour
> faire que la mort, quand elle survient, *ne
> concerne finalement que la plus petite partie de
> moi-même*[1]. »
>
> Gilles Deleuze
> *Commentaires de L'éthique de Spinoza*

Cette angoisse a taraudé tous les présidents.

Pompidou, bien sûr, qui serait emporté par la maladie avant la fin de son mandat. Mais aussi son successeur, Giscard, angoissé par la fuite du temps, semblable à celui d'une armée ennemie. Élu sur le slogan du « changement dans la continuité », Giscard reconnaît avoir pourtant eu depuis toujours « une horreur instinctive, viscérale, du changement de l'environnement vivant[2] ». Ce refus va très loin : « Tout ce que je vois changer autour de moi depuis l'enfance, les visages, les silhouettes, les objets qui ne servent plus, les peintures qui

---

1. Cité par Luc Ferry, *Qu'est-ce qu'une vie réussie ?*, Grasset, 2002.
2. Valéry Giscard d'Estaing, *Le pouvoir et la vie*, Compagnie 12, 1981 et 1988.

s'écaillent, les chemins de terre qu'on goudronne, tout ce qui perd de sa fraîcheur, de son intégrité, je le regrette comme un signe de ce qui est révolu, de ce qu'on ne retrouvera jamais, je le sens comme la présence d'un germe de mort qui taraude de l'intérieur tout ce que j'ai l'instinct d'aimer. »

Un germe de mort.

Pour Mitterrand, ce n'était pas un germe, mais une pathologie.

Il vivait avec elle. En 1981, à peine élu, le président socialiste a découvert un cancer en lui. Après des décennies d'opposition, de lutte politique, il arrivait au pouvoir, et la mort était là, qui s'insinuait en lui, et contre laquelle il fallait désormais combattre. Tragique réussite.

Entre avril 1993 et juin 1994, Mitterrand accorda à Jean-Pierre Elkabbach une série d'entretiens d'une douzaine d'heures au total, qui donnèrent lieu à cinq documentaires, à diffuser après sa mort. Le premier s'intitule *On ne peut rien contre la volonté d'un homme*, le dernier *Jusqu'au matin du dernier jour*.

Un jour, Elkabbach demande au chef de l'État :

– Qu'est-ce que vous pensez de la manière dont se déroule le temps, là où vous êtes ?

Mitterrand répond :

– Le mien est comme le vôtre, on n'a pas le temps de le voir passer. Et votre vie s'en va, comme ça.

À un autre moment, Mitterrand retrace sa vie :

– C'est comme un chemin qu'on a devant soi. On s'imagine à vingt ans, si cette route a cent kilomètres de long, comme le parcours va être beau, et puis à la veille de mourir on se rend compte qu'on a fait cent cinquante mètres. Mais il vaut mieux les avoir faits que de s'être arrêté au bas du fossé.

En 1995, Mitterrand rédige une préface pour le livre de Marie de Hennezel, *La mort intime*.

Il essaie de répondre à la question : « Comment mourir ? »

Voici ce qu'il constate :

« Nous vivons dans un monde que la civilisation effraie et qui s'en détourne. Des civilisations, avant nous, regardaient la mort en face. Elles dessinaient pour la communauté et pour chacun le chemin du passage. Elles donnaient à l'achèvement de la destinée sa richesse et son sens. »

La mort donnait le sens à l'action de la vie.

« Jamais peut-être le rapport à la mort n'a été si pauvre qu'en ces temps de sécheresse spirituelle où les hommes, pressés d'exister, paraissent éluder le mystère. Ils ignorent qu'ils tarissent ainsi le goût de vivre d'une source essentielle. »

Sans la mort, la course ne serait pas si belle.

Le temps.

Tous les hommes politiques cherchent à le fuir, à le laisser mille lieues derrière eux.

C'est une fuite sans fin, une course perdue d'avance.

« Il faut d'abord rester vivant »

« Ne sais-tu pas que la source de toutes les misères de l'homme, ce n'est pas la mort, mais la crainte de la mort ? »

Épictète
Entretiens

Bien entendu, les quelques personnes que nous rencontrons pour cette enquête ne sont pas l'équivalent de l'échantillon représentatif d'un institut de sondage. Néanmoins, il apparaîtra vite une sidérante proportion de personnes interrogées ayant prématurément perdu un proche.

La préoccupation morbide vient souvent de là.

Le lundi 2 avril 2007, Dominique de Villepin accorde son ultime conférence de presse avant de quitter Matignon. Après avoir défendu son propre bilan, il entreprend de philosopher :

– *Je ne suis pas un homme de demi-mesures, j'ai des passions, je poursuivrai dans la voie de ces passions, convaincu que dans la vie, on a plusieurs vies.*

Villepin fait mystère de ses envies de reconversion. Pourrait-il se placer en réserve de la République, comme on a coutume de le dire, c'est-à-dire attendra-t-il l'occa-

sion de se relancer vers les sommets de la politique ?
Fera-t-il office de recours ?

– Les étagères sont pleines de recours qui prennent la poussière.

Il n'y songe pas pour lui...

– Le seul vrai recours, c'est la vie, il faut d'abord rester vivant.

Rester vivant, à la manière du poète Arthur Rimbaud, qui disait : « La vie est ailleurs. » Quand Villepin s'exprime sur le sujet, il ne parle pas à la légère.

En son for intérieur, il songe certainement à son frère Éric. C'était au milieu des années soixante-dix. Éric venait d'obtenir son baccalauréat à New York. Ensemble, les deux frères voyagèrent dans le nord de l'Europe, et, au retour, le cœur d'Éric s'arrêta soudain dans son bain, en Bretagne. Depuis dix ans, Éric était sujet à de graves crises d'épilepsie.

Avant de mourir, Éric avait confié « son droit d'aînesse » à son frère cadet.

Pour le reste de sa vie, il porterait ce poids.

Villepin ne s'est pas souvent confié sur cette histoire tragique et fondatrice pour lui. Il le fait le 28 mai 2008, dans un entretien à Serge Moati, diffusé sur Vivolta, chaîne du web fondée par Philippe Gildas. L'ancien Premier ministre raconte combien ce frère, qu'il a beaucoup aidé autrefois, continue à l'accompagner.

– Ce qui est assez extraordinaire, et qui reste assez présent et qui m'aide beaucoup, c'est qu'il est mort au terme d'une vraie vie. On peut mourir à vingt ans et avoir une vraie vie.

Les yeux de Villepin sont embués.

Serge Moati demande :

– Éric savait qu'il allait mourir ?

– Je pense que je le savais...

– Vous le saviez...

– Je le savais, je le pressentais. Vous savez, ce sont des choses très intimes, que l'on sent violemment.

Le trouble paraît de plus en plus fort à travers les yeux de l'ex-chef du gouvernement.

— Je me levais la nuit pour l'entendre respirer, je portais cette vie comme ma mère.

On retient son souffle.

— C'était une douleur familiale, mais en même temps un bonheur formidable que d'accompagner un être extraordinaire.

Villepin parle avec saccades, mais d'une tonalité plus calme.

— Ce qu'il m'a appris de plus fort et ce qu'il a appris à toute ma famille, c'est que le vrai bonheur, c'est l'autre, cette absence de peur de l'autre.

Le contraire de « l'enfer, c'est les autres », dans Sartre.

Le 17 mai 2007, Villepin passe ses pouvoirs à François Fillon, le Premier ministre de Sarkozy qui vient lui-même d'être élu. Dans ces cas-là, on n'échange pas de propos cruciaux, mais les deux hommes partagent une douloureuse expérience commune qui aurait pu les rapprocher. Le frère cadet de Fillon, Arnaud, est décédé dans un accident de voiture le week-end de Pâques en 1981.

Certes, on peut être nommé Premier ministre sans avoir vécu de deuil prématuré, néanmoins il est clair que d'avoir subi cette épreuve donne à certains êtres une envie de la combattre inlassablement, par tous les moyens.

Ils sont « immortels »

« Pour exécuter de grandes choses, il faut
vivre comme si on ne devait jamais mourir. »

Vauvenargues
Réflexions et maximes

Selon un proverbe chinois, pour être immortel, il faut avoir fait trois choses dans sa vie : mis un enfant au monde, planté un arbre, écrit un livre.

Le Grec Platon considérait plus ou moins la même chose. Pour lui, il y avait deux moyens d'atteindre l'immortalité : laisser une œuvre ou des enfants.

C'est pourquoi, peut-être, le cardinal de Richelieu fit graver sur le sceau de l'Académie française la devise : « À l'immortalité. »

Depuis, les membres de cet auguste cénacle, censé représenter le génie de la France, sont surnommés « les Immortels ».

Le 16 décembre 2004, Jean-Marie Rouart prononce la réponse au discours de réception de Giscard d'Estaing. L'écrivain ironise sur le respect excessif voué à la réussite sociale dans cette vénérable assemblée : « On nous a parfois soupçonnés de montrer plus d'empressement envers les grandeurs d'établissement qu'à l'égard des écrivains. Ce soupçon est loin d'être infondé. Il est même parfaitement justifié. Les scrutins l'attestent. »

L'Académie, explique l'orateur, préfère les gens rangés, policés, aux sauvages. Elle s'incline plus aisément devant la puissance que devant le talent. « Les Premiers ministres, les maréchaux de France, les ducs et pairs n'ont pas eu à patienter longtemps dans notre antichambre. »

Six ans avant d'énoncer ces vérités, Rouart avait lui-même fait son entrée sous la Coupole. Ému, le journaliste littéraire du *Figaro* avait ainsi résumé ses sentiments avant d'être admis dans « le lieu géométrique de toutes les ambitions » :

– *Tout concourt dans cet instant solennel à conjurer à force de lumières, d'apparat, le pernicieux démon de l'échec dont la seule pensée nous glace car nous l'associons à la mort.*

L'orateur s'interroge alors sur la « redoutable frontière » entre le succès et l'échec. Il évoque l'angoisse terrible de l'insuccès, au cœur de la littérature, de l'histoire collective et de la vie individuelle, cette « loterie supérieure » qui anime la vie :

– *La sanction de la victoire ou de la défaite, c'est la systole et la diastole du cœur de l'humanité.*

La secrétaire perpétuelle de l'assemblée, Hélène Carrère d'Encausse, prononce le discours en réponse voulu par la tradition. Elle s'adresse au nouveau venu.

– *Vous êtes, monsieur, à première vue l'incarnation parfaite du bonheur de vivre et de la réussite aisée.*

Allusion aux origines du nouvel immortel, sur le berceau duquel les fées s'étaient penchées. Arrière-petit-fils des peintres Henri Rouart et Henry Lerolle, Jean-Marie naquit dans la fréquentation d'Edgar Degas, d'Édouard Manet et de Berthe Morisot. La famille s'enrichissait. Mais au temps « des conquêtes succéda celui de la dilapidation frénétique ». Tout fut, peu à peu, bradé, y compris les toiles. Carrère d'Encausse poursuit le tableau familial :

— Une folie de la dépossession succéda à celle de l'accumulation.

C'est pourquoi le jeune Rouart vécut dans le dénuement après l'opulence. Les conquêtes féminines n'atténuèrent pas une gêne qui confina vite au désespoir.

— La mort seule, pensiez-vous, pouvait offrir une issue à tant de malheurs, et vous avez voulu aller au-devant de celle qui vous paraissait être l'amie dernière et le salut.

Rouart s'en abstint car une cousine effectua le geste avant lui. Elle avait en quelque sorte pris sa place.

— À la tentation de la mort s'est substituée soudain l'ambition.

Arrivisme ou volonté de s'élever ? Bientôt ses romans permirent au journaliste de gravir les marches, sans jamais renoncer à son goût de la mort. Des livres comme *Ils ont choisi la nuit* ou *La noblesse des vaincus*, des admirations comme celle envers Drieu La Rochelle qui se porta le coup fatal, témoignent de sa fascination pour les perdants. Hélène Carrère d'Encausse considère qu'avec cet écrivain on n'en finit pas de dresser le palmarès de l'échec. Pas étonnant que Rouart, sorte de miraculé, finisse chez les Immortels.

Là même où une autre plume éminente du *Figaro*, Jean d'Ormesson, œuvrait depuis belle lurette. De son envie de conjurer la mort, ce dernier ne s'est jamais caché, certainement pas le jour de son intronisation. Il parla lui aussi de la pérennité des œuvres humaines, et de ce qu'il y a de plus fort que la mort :

— La présence des absents dans la mémoire des vivants.

Et un héritage :

— La transmission, à ceux qui ne sont pas encore, du nom, de la gloire, de la puissance et de l'allégresse de ceux qui ne sont plus, mais qui vivent à jamais dans l'esprit et dans le cœur de ceux qui se souviennent.

113

Un autre ancien du *Figaro*, Thierry Maulnier, de surcroît auteur dramatique, abonda dans ce sens dans les minutes suivantes :

– La mort est la chose du monde la mieux partagée, mais presque aussi bien partagé est le souci des vivants de défier sa puissance et de retarder sa victoire en lui dérobant pour un temps une part si infime soit-elle de ce qui lui appartiendra.

Maulnier, qui a du style comme les autres académiciens, explique que mystifier la mort, lui dérober sa proie pour un instant, c'est ce que fait la mère qui allaite ses enfants, la ménagère qui défend ses meubles contre la poussière.

Et sans doute quiconque entend réussir dans la vie.

« Le Louis XVI est dans l'éternité »

> « Le luxe est le refus fondamental de l'être humain de limiter sa vie à une survie. »
>
> Stéphane Marchand
> *Les guerres du luxe*

Vivre plus.

Philippe Starck avait sept ou huit ans lorsque son père disparut. Quelques années plus tard, il apprendrait son décès.

Starck est aujourd'hui une star planétaire.

Le roi du design, qui se définit comme un communiste religieux, a dessiné meubles, chaises, tabourets, bouteilles, couteaux, et même pâtes pour une marque de nouilles. Il a conçu les appartements privés de l'Élysée au début du premier septennat de François Mitterrand. Le siège des brasseries Asahi au Japon, c'est lui. La salle d'attente de l'Eurostar à Paris aussi.

À soixante ans, ce Français est riche, très riche. Il est l'objet d'un culte.

Starck a marqué son temps.

Une journaliste du *Monde* lui demande quel regard il porte sur le design et le chemin parcouru, voici ce qu'il répond pourtant :

– Je m'aperçois, à mon âge, que je me suis donné beaucoup de mal, j'ai dépensé beaucoup d'énergie et de ma vie à travailler à quelque chose qui n'en valait pas tellement la peine[1].

Cela rappelle la phrase de Proust dans *Un amour de Swann*, à propos d'une femme : « Dire que j'ai gâché des années de ma vie, que j'ai voulu mourir, que j'ai eu mon plus grand amour pour une femme qui ne me plaisait pas, qui n'était pas mon genre. »

Le design fut la passion de toute sa vie, mais Starck affirme ne plus lui trouver beaucoup d'intérêt.

– Le design, au fond, est totalement inutile.

Un mois auparavant, dans *Marianne*, il avait déjà dit :

– Je me fous du design[2].

À la façon d'un Owen-Jones, mais plus brutalement encore, il dit même avoir honte d'avoir voué sa vie à ces futilités.

Pourquoi ?

Il encaisse près de 20 millions d'euros pas an, certes. Mais lui, il avance une autre explication :

– J'ai vu le film L'homme invisible, *d'après le roman de Wells, l'histoire d'un être qu'on ne voit que lorsqu'il porte des bandelettes. Pour exister, j'ai fait comme lui : je m'entoure des objets que je crée. Quand j'arrêterai de produire, je cesserai d'exister.*

Le designer affirme donc que le sentiment de vivre, de n'être pas mort, lui est procuré par les objets.

Pourquoi les riches s'achètent-ils de belles choses ?

Du moins des choses prétendues belles ?

En 1979, le sociologue Pierre Bourdieu publiait aux éditions de Minuit *La distinction*, dans lequel il expliquait que par l'élégance de leurs biens matériels, les fortunés cherchent à se distinguer d'autrui ?

---

1. *Le Monde*, 10-11 février 2008.
2. *Marianne*, 19 au 15 janvier 2008.

Et s'ils croyaient ainsi s'acheter quelque chose d'encore plus précieux ? Pourquoi par exemple nombre de capitalistes, qui dans leurs carrières ont évité la subtilité, s'achètent-ils des œuvres d'art ?

Un jour de mars, dans une rue des beaux quartiers de Paris, j'aperçois une tête connue au volant d'une voiture de luxe, une Jaguar XJ8 gris métallisée.

C'est Luc Ferry.

Ah, tiens.

Réputé pour sa connaissance de la philosophie des Grecs anciens, cet homme a écrit un livre intitulé *Qu'est-ce qu'une vie réussie ?*, où il prêche sur la « vie bonne » telle que la concevaient les sages de l'Antiquité. En avant-propos de son livre, Ferry posait une question plutôt pertinente. Il se demandait si l'idéal de réussite, auquel les modernes accordent tant de poids et de prix, n'est pas « en train de prendre la forme d'une nouvelle tyrannie[1] ».

Il tentait de répondre en invoquant Nietzsche et les autres.

Le voilà au volant d'un carrosse.

Certes, je ne m'attendais pas à trouver l'ancien ministre de l'Éducation nationale dans un tonneau, au milieu des rats, comme Diogène au IVe siècle avant notre ère. Mais j'imaginais peut-être plus de dédain pour le luxe.

Un peu plus tard, il me reçoit rue de Bellechasse, au Conseil d'analyse de la société, dont il est le président délégué. Il s'engage :

– *Les riches s'intéressent aux œuvres d'art par opposition aux choses périssables qu'on achète dans un supermarché.*

Même les avions d'affaires Falcon 900 ou les BMW remplissent plus les caddies que les cœurs des hommes.

– *Ils achètent de l'éternel.*

---

1. Luc Ferry, *Qu'est-ce qu'une vie réussie ?*, *op. cit.*

Du supposé tel.

– *Une Ferrari Testarossa, ça passe. Un Vermeer ou un Rotkho, ça reste.*

Idem pour le mobilier.

– *L'Ikea ça passe, le Louis XVI est dans l'éternité.*

Professeur de philo, Ferry rappelle que, pour les Grecs anciens, il y avait trois stratégies face à la mort. La première consiste à se mouler dans le cosmos, pour ne faire qu'un avec lui. La deuxième est d'avoir des enfants, pour se survivre à travers eux. Enfin, l'ultime consiste à obtenir la gloire pour laisser son nom.

– *La nature est cyclique, la nuit revient toujours après le jour, le printemps toujours après l'été. Chercher la gloire, c'est tenter de sortir du cycle.*

Pour ne pas mourir.

C'est ce que fait Achille, le héros de la guerre de Troie. Homère, en racontant ses aventures dans *L'Iliade*, lui confère l'immortalité.

C'est ce que tentent aujourd'hui, à leur manière, les puissants du moment.

Le problème fondamental d'Arnault

> « Rien n'est si insupportable à l'homme
> que d'être dans un plein repos, sans pas-
> sions, sans affaire, sans divertissement, sans
> application. Il sent alors son néant, son
> abandon, son insuffisance, sa dépendance,
> son impuissance, son vide. »
>
> Blaise Pascal
> *Pensées*

En 2000, le journaliste Yvan Messarovitch s'entretient de cash-flow et de résultats trimestriels avec Bernard Arnault[1]. Soudain, l'interviewer passe du coq à l'âne et demande au patron de LVMH si la mort constitue pour lui une préoccupation omniprésente. Le tycoon répond par la négative, mais pas par l'indifférence :

– *J'estime, comme Pascal, que le problème fondamental de l'homme, c'est la mort. Il faut y réfléchir si on ne veut pas passer à côté de l'essentiel. Mais Pascal disait aussi que lorsqu'on a un problème important, il existe un moyen infaillible de ne pas se laisser dépasser, c'est de ne pas y penser.*

Faut-il croire le P-DG ?

---

1. Bernard Arnault, *La passion créative*, entretiens avec Yvan Messarovitch, Plon, 2000.

119

Il ne le raconte pas dans les interviews, mais, le jour du décès de son grand-père, le 26 juin 1959, Bernard Arnault venait d'obtenir de remarquables résultats scolaires, à l'époque on disait le « tableau d'honneur ». Le garçon s'est approché de la dépouille de son grand-père et a glissé son bulletin scolaire entre les doigts du défunt. Il faut imaginer cette scène funèbre, cette sorte de pacte scellé entre un enfant et un vieil homme dont le corps s'apprête à entrer dans la tombe.

Après, Arnault ferait Polytechnique et reprendrait l'entreprise familiale. En 1985, il lançait son ascension avec la reprise de Boussac. Trois mois après ces prémices, sa grand-mère mourait. Arnault n'aime pas penser aux articles parfois désagréables qu'elle lisait sur lui à cette période. Ce souvenir lui est si douloureux qu'il affirme avoir envie de le chasser de sa mémoire[1]. Aujourd'hui, il assure que la création dans laquelle il baigne est un antidote à l'éphémère.

Un jour, une journaliste demanda à un ami d'Arnault, Antoine Bernheim, considéré comme l'un des parrains du capitalisme français, pourquoi, à son âge, à quatre-vingts ans passés, il continuait à travailler comme un jeune ambitieux. En des décennies de carrière, Bernheim, aujourd'hui P-DG de l'assureur italien Generali, a accumulé assez d'argent pour agrémenter ses vieux jours.

Il lui répondit ceci : « Si j'arrête, après, il y a la petite boîte en bois. »

L'ancien directeur des programmes de TF1, Étienne Mougeotte, patron du *Figaro*, affirme de son côté que « s'arrêter, c'est mourir[2] ».

---

1. *Ibid.*
2. *Le Monde,* 7 septembre 2007.

Memento mori

« Ne vaudrait-il pas mieux faire à la mort, dans la réalité effective et dans nos pensées, la place qui lui revient et faire un peu plus ressortir notre attitude inconsciente à son égard, que nous avons jusqu'à présent soigneusement réprimée ? »

Sigmund Freud
Notre rapport à la mort

— D'ailleurs, qui peut dire, avant sa mort, qu'il a réussi ?

J'avais l'intention, justement, d'évoquer le sujet, et voilà que le milliardaire François Pinault l'aborde de lui-même. Je saute sur l'occasion et lui parle d'une œuvre de l'artiste contemporain italien Maurizio Cattelan :

— Dans un cimetière, sur une pierre tombale à votre nom, il a écrit la question : « Pourquoi moi ? »

Pinault sourit. Cattelan est l'un de ses artistes préférés.

— Cattelan m'a bel et bien obligé à acheter une concession dans le cimetière près de ma résidence secondaire. Je me souviens, une de mes collaboratrices est allée acheter un lopin de terre.

Pinault rit franchement. Je lui demande la signification du « pourquoi moi ? ».

Pourquoi moi j'ai autant réussi ? Pourquoi moi je suis plus riche que mes voisins ? Pourquoi moi j'ai bâti un empire ?

– *Non ! Pas du tout ! Pourquoi je suis mort moi aussi...*

Ainsi, lui aussi rêve d'une part d'immortalité.

– *L'immortalité à travers ce qu'on laisse, c'est sans illusion. Les hommes d'affaires ne laissent pas de trace. Parlez d'Onassis à des jeunes gens. Ils ignorent qui il était. Pourtant, il s'y croyait, Onassis, avec sa Callas et sa Jackie.*

Tout de même, j'insiste : « Vous ne cherchez pas à conjurer la mort ? »

La directrice générale, Patricia Barbizet, intervient, en s'adressant au milliardaire :

– C'est conjurer le temps qui vous importe.

– *À partir d'un certain moment, ce n'est plus conjurer le temps qui passe, mais le temps qui reste.*

Le lien entre l'art et la mort est évident pour Pinault, désormais l'un des plus grands collectionneurs du monde. Il précise avoir acquis récemment une pièce encore plus éloquente :

– *Je viens d'acheter une pierre tombale à Urs Fischer, un artiste suisse qui réside à New York. Il m'a proposé de faire mon cercueil.*

En 2006, Urs Fischer est l'un des artistes présentés à *Where are we going ?*, la première exposition de la collection François Pinault, au Palazzo Grassi à Venise.

En 2006, un journaliste du *Monde* demande au propriétaire des œuvres : « Pour vous, la condition humaine, c'est à la fois un éclat et une fragilité[1] ? »

– *Oui. Oui, une espèce de force, et puis pfft, c'est fini. Comme une sculpture de Richard Serra, imposante, et on enlève un petit truc, tout cela s'effondre. Je n'ai pas la réponse à « Où allons-nous ? ».*

---

1. *Le Monde,* 29 avril 2006.

À mon tour, je lui repose la question. Cette fois il détient la clé du mystère :

— *La réponse, c'est la mort. En attendant, il faut faire les choses les plus intelligentes et les plus fortes possible.*

En haut de l'escalier principal, le visiteur tombe d'abord sur un portrait signé Piotr Uklanski, *Untitled (Monsieur François Pinault)*. Un cliché spécial à vrai dire, puisqu'il s'agit du crâne de Pinault, photographiés par une méthode radiographique fondée sur la chaleur. Le tout est disposé de telle manière qu'on songe à la tête de mort des pirates et des poisons.

Pinault explique à la presse : « C'est une sorte de vanité, de *memento mori*[1]. »

Memento mori, souviens-toi que tu vas mourir.

À ses retours de campagnes victorieuses, César défilait dans Rome tandis qu'on lui glissait : « Souviens-toi que tu es mortel ! »

Relevant d'une tradition picturale baroque, les vanités étaient des toiles illustrant la relativité du savoir et des actions, la précarité des choses humaines, résumées par la sentence « Vanité des vanités, tout est vanité ».

Pinault invoque « le côté insignifiant et dérisoire des choses, qu'on a tendance tous à oublier, et heureusement[2] ».

Il est également un fervent acheteur des œuvres de Damien Hirst, un artiste très porté à représenter l'inéluctabilité de la mort, avec ses animaux découpés en tranches et conservés dans du formol, ou ses immenses armoires à pharmacie en verre et acier inoxydable, avec à l'intérieur des alignements de médicaments.

D'où lui vient cette hantise ?

---

1. *Paris Match*, 20 avril 2006.
2. *Le Monde*, 29 avril 2006.

Peut-être d'Algérie, où il a servi : « Je n'aime pas parler de tout ça. Je n'ai pas l'esprit ancien combattant. »

A-t-il tué ?

Un long silence.

« J'ai toujours au fond de moi le regard du type que j'ai flingué à 5 ou 6 mètres… C'était lui ou moi[1]. »

Dans son journal de l'année 2001, Alain Minc écrivit à propos de François Pinault et de ses semblables qu'ils ont « un désir évident de conjurer la mort, dès lors que les entrepreneurs sont, de ce point de vue, plus inquiets que la moyenne des hommes[2] ». Un jour, il a fait lire le paragraphe à Pinault, qui a acquiescé. Minc connaît bien ses clients. Il a son idée :

– *Les capitalistes ont le même rapport à la mort que les grands animaux.*

L'obsession d'accumuler des actifs, de construire des empires, sert à se voiler la face. Selon Minc, les managers ont devant le néant l'angoisse d'un homme normal. À cause de leur « crainte exacerbée du néant », les grands entrepreneurs ont « cette relation compulsive à l'argent, ce besoin d'accumuler la richesse comme pour fabriquer un antidote à la mort, cette projection névrotique dans l'avenir, cette incapacité biologique de faire la moindre pause et cette obsession de laisser une trace : empire, fondation, filiation héréditaire (…)[3] ».

Si beaucoup d'entrepreneurs sont aussi obsédés par la question de l'héritage, c'est qu'ils supposent qu'en laissant quelque chose à leurs enfants, à travers eux ils se survivront.

Au début du film *Itinéraire d'un enfant gâté*, réalisé par Claude Lelouch, le héros, interprété par Jean-Paul Bel-

---

1. *Le Journal du dimanche*, 1ᵉʳ décembre 1991.
2. Alain Minc, *Le fracas du monde*, Seuil, 2002.
3. Alain Minc, *Les prophètes du bonheur*, Grasset, 2004.

mondo, un industriel qui a fait fortune, se fait passer pour mort dans un accident de bateau lors d'une traversée de l'océan en solitaire. C'est sa seule manière de se retrouver lui-même, de se détacher de son personnage, et peut-être de vérifier si ses enfants l'aiment.

C'est peut-être aussi l'occasion de se donner l'impression qu'il est capable de survivre à sa propre mort.

« À long terme, nous sommes tous morts »

> « Les cimetières sont remplis de gens irremplaçables, qui ont tous été remplacés. »
>
> Georges Clemenceau

C'est étrange.

L'enquête que nous menons, partie d'une question naïve, valide empiriquement les théories de Keynes et de Freud. L'économiste et le psychanalyste croyaient à un lien ténu entre capitalisme et pulsion de mort.

John Maynard Keynes avait énoncé une vérité d'évidence : « À long terme, nous sommes tous morts. »

Il était fasciné par les entrepreneurs qui construisent des empires afin de repousser la fin de leur vie. Pour lui, il était évident qu'un homme qui préfère demain à aujourd'hui (quiconque fait fructifier son capital a par définition cette inclination), bref un homme qui cherche à se prolonger sans cesse tente tout simplement d'éliminer la possibilité qu'il n'y ait pas de lendemain.

En 1936, Keynes écrit : « De même que l'homme valide chasse la pensée de la mort, c'est le dynamisme des pionniers qui leur fait oublier l'idée de la ruine finale qui les attend souvent[1]. »

C'est aussi la raison pour laquelle ces hommes sont obsédés par l'héritage, notamment par l'idée de laisser un nom.

Freud va plus loin, puisqu'il théorise une relation entre l'envie de thésauriser et l'érotisme anal. Selon lui, l'argent est un excrément. Le père de la psychanalyse estime que se jeter à corps perdu dans le travail, c'est refouler la pulsion de mort.

En 2004, dans la revue de l'association psychologique des États-Unis, cinq scientifiques, professeurs dans les universités du Colorado, du Missouri, de l'Arizona et de l'Alberta, établissent le lien entre le besoin d'estime de soi et la crainte de mourir. Ils détaillent la thèse développée en 1986 par trois d'entre eux, Jeff Greenberg, Tom Pyszczynski et Sheldon Salomon[2].

La *terror management theory,* alias TMT.

La théorie de gestion de la terreur.

Ils ont découvert que les gens recherchent l'estime d'eux-mêmes car l'estime de soi aide à lutter contre l'omniprésente source d'anxiété engendrée par la conscience humaine de la mortalité.

Depuis 1986, la TMT a suscité plus de 250 études différentes.

Elle débute avec un axiome. Notre désir biologique de vivre se confronte à la conscience claire du caractère inévitable de la mort. Kierkegaard, Heidegger, Nietzsche, Freud ont tous glosé là-dessus.

---

1. John Maynard Keynes, *Théorie générale de l'emploi, de l'intérêt et de la monnaie,* Payot, 1982.

2. Jeff Greenberg, Tom Pyszczynski, Sheldon Salomon, Jamie Arndt, Jeff Schimel, « Why do people need self-esteem ? A theoretical and empirical review », *Psychological Bulletin,* American Psychological Association, 2004.

Selon cette théorie, « le nom et l'identité de chaque individu, tous les moyens d'identification familiale ou sociale, les buts et aspirations, le métier et le statut social, sont des parures artificielles qui drapent un animal qui dans le cosmos ne serait pas plus signifiant ni durable qu'une pomme de terre, un ananas ou un porc-épic ».

Les institutions sociales qui permettent aux gens de se sentir la partie d'un tout plus grand qu'eux, plus signifiant, et plus éternel que leurs personnes, confèrent une immortalité symbolique.

En 2003, une étude portait sur la compétition d'hommes luttant pour accumuler des revenus. Après lecture d'un livre défendant l'idée selon laquelle il existe une vie après la mort, l'envie de faire fortune de ces hommes était atténuée.

Bref, le dénominateur commun des batailles pour la réussite, le voilà.

Le directeur de l'hebdomadaire *Courrier international* et de *Télérama*, Philippe Thureau-Dangin, est l'un des très rares journalistes à avoir abordé le sujet. En 1995, il publiait *La concurrence et la mort*[1], dont le dernier chapitre porte réellement sur ce thème.

Que dit-il ?

Que la concurrence, au sens économique, « a pris la place » de la mort « comme aiguillon de nos existences, comme "tension" ».

La tension distrait.

Quiconque « lutte pour un poste, pour une place, pour un contrat ou un honneur, ne pense pas à la mort ».

« Cette tension n'est plus extrême, mais elle demeure sans cesse sous nos yeux, dans nos gestes et nos juge-

---

1. Philippe Thureau-Dangin, *La concurrence et la mort*, Syros, 1995.

ments. Et lorsque soudain la vie se détend, et qu'il n'y a plus de concurrence, lorsqu'un employé ou un responsable perd son emploi, et qu'il n'est plus "dans la course", alors revient la pensée de la mort, pensée bien plus terrible que s'il l'avait toujours eue sous la main, car elle lui saute au visage et le sidère. Et cet employé, ou ce responsable, préférera toujours n'importe quelle concurrence nouvelle à la sidération de la pensée de la mort, sidération dont on sait qu'elle est un anéantissement complet des forces vitales, autrement dit une sorte de mort. »

Les femmes aussi ?

« La femme ne s'exalte pas, comme
l'homme, face à la mort. Parce qu'elle
donne la vie, elle accepte aussi la mort. »

Marc Gendron
Louise ou la nouvelle Julie

Face à cette inquiétude, les femmes semblent moins
terrorisées. Quand, au cours de cette enquête, j'ai
abordé le rapport entre la réussite et la mort avec des
femmes, elles se sont toujours mises à me regarder d'un
drôle d'air.

J'observais leurs mines stupéfaites, navrées. Manifestement, en me regardant, elles se disaient en leur for intérieur : « Qui est cet imbécile qui me pose des questions
saugrenues ? »

Ce n'est pas étonnant, elles mettent les enfants au
monde, et donc la question de la pérennité, de la survi-
vance, n'a pas un si grand intérêt pour elles.

Il y a bien entendu des exceptions. Comme Ségolène
Royal, qui dans son dernier livre confie la raison de sa
détermination : « Personne ne sait mieux que moi
jusqu'où je suis allée chercher cette décision... Cette
décision d'avancer. Parce que parfois j'ai eu le senti-

ment de ramper dans la cendre. Parce que j'aurais pu mourir. Oui... mourir intérieurement[1]... »

Gilberte Beaux accepte aussi de parler de ce sujet très délicat. L'ancienne négociatrice de fer médite sur la plénitude de sa vie et remercie Dieu de tout ce qu'il lui a donné. Elle n'ignore pas qu'un jour elle va redevenir poussière. La mort, elle « y a pensé tout le temps », depuis que, jeune, elle a embrassé la dépouille de son grand-père.

– Ce qui me paraît important, c'est de construire comme si nous étions là pour cent ans et comme si nous allions mourir demain. Je plante des arbres. Je sais bien que je ne les verrai pas grandir, mais je suis en paix avec moi-même[2].

Elle a réussi dans la vie. Elle a sans doute réussi sa vie.

Le malheur, c'est qu'on n'en a pas toujours le temps.

En novembre 2008, des attentats sanglants ont été perpétrés à Bombay, en Inde. Des terroristes ont fait exploser un camion devant un palace tandis que d'autres ont tiré sur des touristes et des clients. Sous le titre « Deux Français tués dans les attaques de Bombay » dans *Le Monde* du 30 novembre, j'aperçois cette affreuse nouvelle : « La cofondatrice de la marque de lingerie Princesse tam.tam, Loumia Hiridjee, et son mari, Mourad Amarsy, ex-P-DG de l'entreprise, ont été tués, mercredi, à Bombay, a confirmé, vendredi 28 novembre, un porte-parole du Quai d'Orsay. »

Le couple avait été victime d'une fusillade alors qu'il dînait au restaurant de l'hôtel Oberoi.

Loumia Amarsy n'était pas n'importe qui. Elle était l'une des rares femmes à avoir fait brillamment prospérer sa propre entreprise.

Tout ça pour ça ?

---

1. Ségolène Royal, *Femme debout*, Denoël, 2009.
2. Entretien avec l'auteur, 13 septembre 2007.

En août 2007, un peu plus d'un an avant son décès, elle m'avait donné rendez-vous dans le quartier des Invalides à Paris, au café L'Esplanade, un établissement à la mode où le prix du café n'est pas à la portée du premier venu. Avant notre rencontre, comme je ne la connaissais pas physiquement, elle m'avait précisé qu'il ne serait pas difficile de la reconnaître, il me suffirait de demander, les serveurs connaissaient tous « Princesse Tam-Tam ».

Son nom était inconnu du grand public, pas son pseudonyme, choisi en référence à la chanteuse et actrice Joséphine Baker.

Qui était donc Loumia Amarsy, cachée derrière la princesse ? À Madagascar, son père, parti de rien, avait prospéré dans le commerce des tôles ondulées, puis dans le plastique. Il produisait des seaux, des jerricans, tout ce dont on a besoin sur l'île. Arrivée à Paris en pension avec sa sœur, à l'âge de treize ans, elle avait des souvenirs en tête. C'est ce qu'elle m'avait raconté. En France, les sœurs débutèrent par la vente au détail, dans une boutique de quarante mètres carrés. Mais elles aspiraient à mieux.

– *Peut-être voulions-nous ressentir le plaisir d'être débordées. Ça canalise les anxiétés*[1].

Sa sœur finirait par abandonner, préférant une vocation de psychanalyste au développement d'une entreprise. Loumia poursuivit seule.

Elle analysait :

– *Chez les chefs d'entreprise, il y a un fort désir d'être aimés. Quand on réussit dans le business, c'est comme si on était doté de la beauté. Être aimé, sollicité pour des conférences est bon pour l'ego. Ça donne beaucoup d'assurance, une solide confiance en soi.*

---

1. Entretien avec l'auteur, 9 août 2007.

Les femmes aussi ?

La splendeur venue, Loumia Amarsy persista à prendre garde aux dangers du métier :

– *Le risque, c'est de perdre de la valeur humaine. Après, vous êtes happé par un système, car on dit que c'est super ce que vous faites. On vous dit d'aller toujours plus haut, plus haut. Vous sentez bien qu'il n'y a pas de sentiment, ni amour ni haine. C'est ce que j'appelle des machines, des robots. Tout est centré autour du travail, du succès, de la réussite.*

La prétention de l'argent la révulsait :

– *Tout est trop facile. Il n'y a plus d'émotion, ce système fabrique des machines. L'entreprise, les actions, le boulot, ça enlève du cœur. Ça ne fait pas des gens sympathiques. Tout est utilisé. Telle personne est intéressante, car ça peut vous apporter ça, après c'est fini.*

Elle ne croyait pas à l'humanisme affiché :

– *Tout le monde monte des fondations, c'est la nouvelle mode, mais je peux vous assurer que l'abnégation est loin.*

Elle disait même :

– *Aujourd'hui, l'art contemporain, c'est le dernier dada pour faire croire qu'on a des émotions.*

Elle avait la dent dure, Loumia Amarsy, mais sa vivacité était charmante. Quelques jours plus tard, elle partit pour Bombay. Elle allait s'y installer avec Mourad, son mari. Elle me l'avait annoncé :

– *On part à Bombay. On fera probablement quelque chose là-bas. Ne pas recréer quelque chose, ce serait avoir le sentiment de ne pas exister, d'être moins singulière.*

Elle aspirait à exister elle aussi.

4

ON N'ACHÈTE PAS LA VIE

L'argent ne peut pas satisfaire notre envie de nous survivre. Là est le problème. C'est pourquoi les hommes qui ont conquis la richesse ne profitent pas de ce à quoi ils ont consacré tant de temps et d'énergie.

On peut n'être pas « riche en dedans »

> « Si plaie d'argent n'est pas mortelle, elle
> ne se ferme jamais. »
>
> Jules Renard
> *Journal*

Faute d'abolir la mort, est-ce que l'argent adoucit la vie ?

Inutile d'aller poser la question à des héritiers, qui ignorent ce qu'est une vie sans fortune à dépenser, sans pourboires à laisser. De la vie, ils ne connaissent que la face dorée.

Ce serait... du temps perdu.

Non, cette question de l'influence de l'argent, il convient de la soumettre à quelqu'un qui a tout connu, le dénuement, la misère, et, après, bien plus tard, l'aisance. Quelqu'un que sa trajectoire a mené d'un bout à l'autre du champ social.

Mohed Altrad confiait, et nous avons des raisons de le croire :

– *Je suis totalement détaché du matériel*[1].

Il précisait même avoir peur de vendre un jour son entreprise et de se retrouver, ce jour-là, sur un tas d'argent.

---

1. Entretien avec l'auteur, 25 septembre 2007.

— Je ne parviens pas à imaginer que je pourrais me remplir les poches.

Avec sa société d'échafaudages, c'est pourtant ce qu'il fait chaque jour.

— Vous vous sentiriez coupable ?

— La traduction d'une ambition en argent, c'est très effrayant en soi.

Effrayant, à ce point ?

Étrange.

Ce dédain serait-il imputable à ses origines orientales ? Sans doute pas, si l'on en juge par l'exemple d'un autre entrepreneur, Jean-Claude Bourrelier, né non pas dans le désert syrien, mais dans ce qu'un sociologue appela le « désert français ». La province profonde.

Ce que Bourrelier a réalisé, dans la vie, ce n'est pas un trajet, c'est un périple. Et encore, le mot est faible. On le croirait né dans *Germinal*, le voilà dans un autre roman de Zola, *L'argent*. Il possède en effet la chaîne de magasins de bricolage Bricorama. Sa fortune s'élèverait à 240 millions d'euros[1].

Ce personnage à fleur de peau, qui se considère comme « sanguin », explique que « les sanguins ont la tête près du bonnet ». Bref, lorsqu'il parle, il n'est pas du genre à proférer des chichis, à prendre l'accent pointu, ou à choisir un vocabulaire précieux. En revanche il se dégage de lui une sensibilité à fleur de peau et une formidable sympathie.

Bourrelier va nous raconter ce que représente, pour lui, d'être devenu riche.

Il est né dans la Sarthe à la Libération. Mère issue de l'Assistance publique, père pupille de la nation. Des otites récurrentes ont rendu l'enfant sourd. Il avait douze

---

1. *Challenges*, 10 juillet 2008.

ans quand son père est tombé malade du « cancer des menuisiers ».

Sur son lit de souffrance, son père lui a dit :

– *Tu es un homme maintenant, tu dois travailler.*

Ce père décédera quatre ans plus tard.

En raison de son handicap, le jeune garçon ne traîne pas dans la rue. Il se consacre à la lecture. Son certificat d'études en poche, il monte à Paris pour se faire opérer des oreilles. À l'hôpital Cochin, l'intervention réussit et change sa vie.

De charcutier, il devient livreur, puis, de livreur, est promu démonstrateur en outillage, puis attaché commercial chez Black et Decker. En 1975, il ouvre un premier magasin dans le 13e arrondissement de Paris. Cinq ans plus tard, il en a déjà trois. Quinze ans après ses débuts, il se retrouve à la tête de 17 établissements. En 2006, son groupe de bricolage emploie plus de 4 000 personnes dans 176 magasins en Europe.

Son père lui avait demandé de travailler, Bourrelier n'a jamais cessé, sauf le dimanche après-midi.

Il travaille, cela lui suffit.

L'orphelin affirme ne rechercher en aucun cas l'immortalité :

– *Conjurer la mort, c'est un truc de riches*[1].

Il ajoute aussitôt :

– *Moi, je n'ai pas de problèmes de riches.*

Charcutier à ses débuts, il travaillait dans un abattoir.

– *Travailler dans un abattoir, c'est terriblement dur. Vous donnez la mort toute la journée.*

L'homme aurait-il donc un rapport à la mort moins tourmenté que celui des fondateurs d'empire ? Non, loin de là.

----

1. Entretien avec l'auteur, 21 juin 2007.

139

— *Comme les artistes, je souhaiterais mourir au travail. Le rêve, c'est* La ballade de Narayama.

La ballade de Narayama, de Shohei Imamura, palme d'or à Cannes en 1983.

Ce chef-d'œuvre du cinéma japonais raconte le périple d'une vieille dame qui, ayant atteint l'âge fatidique de soixante-dix ans, doit faire l'ascension du mont Narayama dans les montagnes du Shinsu sur les épaules de son fils pour y mourir. La tradition exige que les vieillards en finissent ainsi pour ne pas représenter trop longtemps un poids pour leur village miséreux. C'est un film sur les désirs, les pulsions, l'instinct de survie et les règles ancestrales. Pour Bourrelier, Narayama, c'est le « rêve ».

— *Le rêve.*

Devant moi, le fondateur de Bricorama a les yeux humides à l'évocation du décès récent du beau-père de l'un de ses collaborateurs, qui, trois jours auparavant, a dit « j'arrête ce soir », et s'est infligé la mort ce soir-là.

Je lui fais observer qu'il a beau avoir été le Petit Chose, avoir vécu dans un univers à la Dickens, il est désormais un homme riche, à la tête d'une entreprise qui réalise par an un chiffre d'affaires de 600 millions d'euros. Il s'offusque.

— *Ma quête, ce n'est pas le veau d'or. Je n'ai jamais su dépenser de l'argent.*

— Vous avez peut-être appris.

— *Non. Je ne sais toujours pas. Ce n'est pas radinerie de ma part. Je suis mal à l'aise, c'est tout.*

Pourquoi ces scrupules, ces inhibitions ?

— *J'ai été trop victime de ceux qui ont de l'argent et qui pensent que vous êtes de la merde si vous n'en avez pas. J'ai été victime de ça, jeune.*

— À quoi ça sert de réussir si ça n'est pas pour jouir de l'argent ?

— La niaque, c'est pour se prouver que vous êtes mieux que ce que les autres croient que vous êtes. De toute façon, j'ai toujours admiré les gens intelligents. Jamais ceux qui avaient de l'argent. J'aurais préféré la réussite par les idées, l'intelligence. Pour moi, la réussite intellectuelle est très supérieure à la réussite sociale.

— Avez-vous peur de tout perdre ?

— Avant, je me disais que si je perdais tout, le cercle serait complet. Certains autodidactes vont jusqu'au bout de ce cercle. Mais c'est un peu moins vrai maintenant.

— Vous ne vous dites jamais : « J'ai le droit de profiter ? »

— Non, jamais, jamais.

Les beaux quartiers, pour lui, c'est l'étranger.

— J'ai été livreur chez Nicolas dans le 16ᵉ arrondissement. Je connais bien la villa Montmorency, l'avenue Mozart...

Mais voilà, ses tournées ne lui ont jamais donné envie d'habiter là. Certains se damneraient pourtant, pour résider dans ces quelques rues. Jean-Claude Bourrelier, lui, habite toujours une maison à Nogent-sur-Marne, achetée en 1983, avant le rachat de l'enseigne Bricorama à Carrefour. Dans cette banlieue populaire, il se sent à son aise.

En guise de résidence secondaire, il s'est juste offert une maison à la campagne, mais, dit-il, « on ne peut pas appeler ça une résidence secondaire ».

— Je n'ai pas de bateau, donc pas d'emmerdes.

On peut avoir un bateau de dix mètres et rêver d'en avoir un deux fois plus long.

Longtemps il a conduit une voiture digne de la Peugeot de l'inspecteur Columbo, avec un demi-million de kilomètres au compteur.

À l'occasion de l'introduction de sa société en Bourse, ses collaborateurs ont insisté pour qu'il change de véhicule. Allait-il s'offrir enfin une berline de luxe ?

– *J'ai acheté une voiture d'occasion, et je l'ai toujours.*
Je suis stupéfait devant cet être au regard mouillé, qui sourit sans cesse.
– *Mais ne pleurez pas sur mon sort. Mes vacances, c'est quand je vais à Madagascar parrainer des œuvres. Je passe des vacances et je suis utile en même temps. Que désirer de mieux ?*
– Vous vous qualifiez d'heureux ?
– *Oui, profondément. Vous savez ce qu'est le bonheur ? Avoir plus que ce que l'on désire.*
Cette sentence fait tilt. Dans un meeting, le 3 septembre 2006 à Marseille, Sarkozy avait cité une prière contraire de Michel-Ange : « Seigneur, accordez-moi la grâce de toujours désirer plus que je ne peux accomplir. »
Sarkozy vit pour avoir faim, Bourrelier est comblé d'être repu.
– *Le malheur, c'est vouloir toujours plus que ce que l'on possède.*
Pourquoi cette sérénité affichée ?
– *Parce que je n'aurai jamais à faire la mendicité.*
Pas le genre de propos que l'on entend dans les magazines. Il est vrai que le système médiatique, qui vit de la publicité, de l'argent des annonceurs, nous pousse à la consommation, à « toujours plus », à la quête éternelle de biens. Le système a besoin que nous ayons souvent envie d'acheter, de remplacer nos anciens biens par de nouveaux, de nous procurer du « luxe » quand nous avons déjà l'essentiel.
Cet homme simple prouve que l'on peut réussir au-delà de la plupart des Français, et ne pas céder à cette propension. Il démontre que ceux qui gagnent des millions n'en profitent pas toujours. Car la richesse est aussi un mode de vie, un schéma de pensée.
Quand, pendant sa jeunesse, on n'a pas appris à être

riche, il est parfois difficile d'acquérir les réflexes plus tard.

Comme écrivait Aragon dans *Aurélien,* c'est une chose d'être riche, c'en est une autre d'être « riche en dedans ».

Le patron fait les soldes

> « Presque tous les hommes savent gagner
> de l'argent, mais il n'y en a pas un sur un
> million qui sache le dépenser. »
>
> Henry David Thoreau
> *Fragments d'un journal*

Dans les dîners en ville, dans les cercles huppés, dans les salons de la bonne société, cela ne se fait pas de mépriser l'argent. L'état de fortune est considéré comme une forme de dignité.

C'est pourquoi les chroniqueurs des gazettes décrivent les gens qui réussissent comme des jouisseurs impénitents.

Ce n'est pas toujours vrai.

Pour ceux qui se sont extraits d'une vie modeste, qui ressentent parfois un sentiment de trahison vis-à-vis de leur classe d'origine, on ne se vante pas d'avoir fait fortune.

Ainsi le patron de la société Eiffage, troisième groupe français de bâtiment et travaux publics, continue-t-il, à un âge avancé, à se définir comme un mécréant. Une référence à Brassens, dont il connaît les chansons par cœur. Mécréant, Jean-François Roverato l'emploie pour désigner ses origines modestes. Avec ses parents immigrés italiens à Dijon, il vécut son enfance dans un univers identique à celui du Nogent-sur-Marne décrit par Cavanna dans *Les Ritals.*

– *Né mécréant, on le reste. Fort heureusement*[1].

On croirait entendre la chanson de Claude Barzotti, *Je suis rital et je le reste.*

– *J'ai une photo de moi en famille. Mon père joue à la pétanque. La pétanque, ce n'est pas le Jockey Club.*

Père ébéniste, mère couturière. Ancien de Polytechnique et des Ponts et Chaussées, le patron d'Eiffage peut être fier d'une carrière qui l'a fait passer de la direction d'un office HLM à la tête d'une entreprise de près de 60 000 salariés.

Le plus grand œuvre d'Eiffage : le viaduc de Millau, dans l'Aveyron. Ce pont à haubans de 2 460 mètres de longueur, dont une flèche culmine à 343 mètres, franchit la vallée à 270 mètres au-dessus du Tarn. Le P-DG d'Eiffage est fier des deux millions d'heures de travail consacrées à ce monument sans aucun accident grave. Avec de telles ambitions, Roverato fait un peu penser à la bourgeoisie de la fin du XIXe siècle, qui entendait redonner de l'élan à la France après la stagnation et la sinistrose de 1870 à 1890.

Mais, malgré sa barbichette *old fashioned,* il reste, en effet, le fils de son père.

– *Il reste cette prégnance du milieu.*

À soixante ans passés, malgré les actions gratuites touchées en 2007, malgré des revenus qui feraient tressaillir presque n'importe qui, le patron vit toujours dans le mobilier que son père ébéniste avait façonné. Un buffet, une table et des chaises de composition paternelle meublent la salle à manger de son domicile principal à Paris ; dans sa résidence secondaire près du lac de Côme

---

1. Entretien avec l'auteur, 6 septembre 2007.

en Italie, il dort dans un lit créé par papa. Idem pour les armoires et la table de nuit.

Roverato appartient à cette race de patrons à l'ego imposant, mais au train de vie modeste. Il n'est pas « riche en dedans », pour reprendre la formule d'Aragon. Son bureau actuel au siège d'Eiffage, à Asnières-sur-Seine, n'a pas de quoi faire rêver, ni par sa superficie ni par son décorum. Sa voiture de fonction ne dépasse pas sept chevaux, comme celles de ses cadres. En vertu du principe d'exemplarité, il n'a jamais eu de chauffeur. En avion, les trajets en *business class* relèvent dans l'entreprise de l'exception, y compris pour lui. Il affirme n'avoir loué un avion privé qu'une seule fois, en 1978, pour se rendre sur les lieux d'un accident mortel à Cherbourg. Même si, lors de ses vacances, il goûte les plaisirs du Danieli à Venise avec sa femme, en voyage professionnel il préfère passer la nuit dans un hôtel Ibis.

Roverato se souvient qu'à la fin des années quatre-vingt, à la présidence de la société de BTP Fougerolle, l'on se moquait encore de ses vestes très voyantes à carreaux. Il a fini par s'habiller selon des codes plus usuels, sauf le week-end, quand le naturel revient au galop.

Aujourd'hui, cet homme qui vit dans un milieu où l'on se vante de ses achats, où la beauté est souvent jugée à l'aune du prix, se laisse aller à des confidences.

– De toute façon, j'ai toujours dit que je m'habille en soldes. Le costume que je porte aujourd'hui m'a coûté 360 euros, directement à l'usine Dormeuil. Les chaussettes, je les achète chez Figaret avec 20 % de remise. C'est un réflexe, je n'aime pas gâcher.

Le patron s'habille en soldes !

Nous sommes loin, bien loin, de l'image d'Épinal des flambeurs, des dépensiers professionnels. Le patron d'Eiffage confirme ce que Jean-Claude Bourrelier nous avait fait deviner, que l'on peut avoir énormément d'argent et vivre la vie de ceux qui en ont beaucoup moins.

Car il existe deux types de rapport à l'argent.

Les conversations entre Roverato et son homologue de Vinci, Antoine Zacharias, en témoignent.

Autant le premier est économe, autant le second s'est fait une réputation d'affamé.

Diplômé d'une école d'ingénieurs de Toulouse, Zacharias a réussi à faire de son entreprise le numéro un mondial du bâtiment et des travaux publics, devant Eiffage, même devant Bouygues. Lui qui avait pendant des années mené une carrière discrète aura accumulé sur la fin les stock-options. Il a même fini par se faire congédier de la présidence de Vinci pour avoir réclamé avec un peu trop d'insistance une commission de 8 millions d'euros.

On l'a traité de « goinfre ».

Dès qu'il s'agit d'argent, Zacharias ne partage pas les valeurs de Roverato.

Roverato se souvient :

– *Un jour, Zacharias m'a dit : « Je tolère de vous que vous vous habilliez en soldes. »*

Ainsi rapportée, la phrase peut paraître dédaigneuse. Mais les deux hommes s'estiment. Depuis le scandale qui a rendu son nom célèbre à ses dépens, Antoine Zacharias ne s'est presque jamais expliqué publiquement. Pour ce livre il accepte de faire exception. Dans un café parisien, il évoque ses différences de conception avec son ami Roverato :

– *Je suis allé chez Roverato, j'ai vu les meubles*[1].

Une allusion au mobilier paternel conservé fidèlement par le patron d'Eiffage. Il est évident, vu la mine

---

1. Entretien avec l'auteur, 30 janvier 2008.

de l'ancien patron de Vinci lorsqu'il prononce ces mots, qu'il ne partage pas les mêmes goûts.

Zacharias ne comprend pas la parcimonie de Roverato :

– *Moi, je lui dis : « Tu es le roi des cons. » À quoi ça sert de rouler dans sa vieille bagnole sans chauffeur ?*

L'essentiel, selon Zacharias, c'est la taille de l'entreprise. Sous-entendu, j'ai fait prospérer la mienne de manière bien supérieure, et c'est ça qui compte. Les économies de bouts de chandelles, les mesures à la petite semaine, les comptes d'apothicaire, tout ça est sans intérêt.

Attention, l'homme tient à préciser que le discours qu'il tient n'est pas celui d'un rejeton des beaux quartiers. Il « ne la joue pas Zola ou Cosette », comme il dit, mais rappelle être issu de la cité des faïenceries de Sarreguemines.

– *Mon père avait pour habitude de dire : « On est trop pauvres pour s'acheter de la merde. »*

Zacharias lâche cette phrase sans doute en réaction au reproche qui lui a parfois été fait d'avoir un goût très prononcé pour les costumes de marque et les cravates Hermès.

À distance, les deux hommes poursuivent le débat. La dispute se cristallise sur les voyages qu'ils ont effectués, l'un et l'autre, par exemple, dans la baie d'Along, au Vietnam.

Roverato :

– *Après avoir vu le film* Indochine *avec Catherine Deneuve, j'ai eu envie d'y aller à mon tour. Arrivés sur place, avec ma femme, on a pris les transports en commun, avec les touristes. Zacharias, avec la sienne, il avait pris l'hélicoptère.*

Zacharias :

– *En baie d'Along, je me suis dit : « Je n'y vais pas sur une espèce de jonque avec vingt couples qui vont me gâcher mon plaisir. »*

Roverato :
– *Avec son épouse, Zacharias a bu du Chassagne-Montrachet là-bas.*
Zacharias :
– *C'est vrai qu'on a bu un Montrachet. Il y avait du brouillard, j'étais heureux comme tout de cette ambiance fantasmagorique.*
Roverato :
– *Mon épouse et moi, on a bu du picrate local. Mais j'avoue qu'on a logé à l'hôtel Métropole, à 250 euros la nuit.*
Zacharias :
– *Un jour, j'ai fait un pari avec Roverato, qu'il a perdu. On avait parié six bouteilles de Dom Pérignon, il m'a offert six bouteilles de bourgogne à la place[1].*

Des broutilles entre camarades, qui témoignent de la force des représentations.

---

1. J.-F. Roverato n'a pas la même version de l'histoire.

« Vous êtes des gosses de riches ! »

> « Le malheur d'être riche, c'est qu'il faut
> vivre avec des gens riches. »
>
> Logan Pearsall Smith
> *Afterthoughts*

Le 27 avril 1969, les Français répondent « non » à la question référendaire posée par le général de Gaulle. Avant de démissionner le lendemain, le chef de l'État téléphone à son ancien Premier ministre, Michel Debré. Il exprime un regret : « Ah Debré, nous avons vaincu les Allemands, résisté aux communistes, mais nous n'avons pas su donner le sens de l'intérêt national à la bourgeoisie[1]. »

En 1984, François Mitterrand rencontre son prédécesseur, Valéry Giscard d'Estaing, à Clermont-Ferrand. Ce dernier rapportera la conversation des années après. Mitterrand lui aurait révélé son objectif : « détruire la bourgeoisie française[2] ».

Vingt-deux ans plus tard, dans un discours, Sarkozy

---

1. Cité par Alain Minc, *Le fracas du monde*, Seuil, 2002.
2. Valéry Giscard d'Estaing, *Les Français, réflexions sur le destin d'un peuple*, Plon, 2000.

répondra à Mitterrand : « Mais qu'est-ce qui justifie tant de haine sinon celle de la réussite et du mérite[1] ? »

Moi, bourgeois, vous n'y pensez pas ?

L'aversion pour la bourgeoisie demeure ainsi dans les discours de beaucoup de grosses têtes.

En fait, la réaction n'est pas toujours hypocrite. Elle peut être la simple traduction de la pérennité des réflexes de jeunesse.

Rose-Marie Van Lerberghe dirige Korian, premier groupe privé français dans la prise en charge de la dépendance. Jusqu'à fin 2006, elle était directrice générale de l'Assistance publique-Hôpitaux de Paris, avec ses 38 hôpitaux, 93 000 salariés et 5,5 milliards d'euros de chiffre d'affaires. Cela n'empêche pas cette énarque, diplômée de Normale sup, d'avoir en mémoire ses années de lycée à Douai, dans le Nord. Le niveau de vie change, l'origine reste.

– *Les petites bourgeoises m'invitaient à des goûters, mais je devais décliner les invitations, car j'étais dans l'incapacité de rendre la pareille[2].*

Plus de quatre décennies plus tard, elle a toujours le souvenir aigu d'une camarade qui un jour lui fit des confidences sur son argent de poche. Ou cet épisode postérieur, en mai 1968, lorsque ses parents sont descendus la voir à Paris. Une de ses camarades de la résidence de jeunes filles de Fontenay-aux-Roses s'est exclamée : « Les ouvriers ne pensent qu'à s'acheter des machines à laver ! » À ce moment-là, elle a perçu le décalage.

Agrégée de philosophie, Rose-Marie Van Lerberghe fait penser à cette écrivaine, Annie Ernaux, agrégée de lettres, dont les parents tenaient un café épicerie à Yve-

---

1. Nicolas Sarkozy, *Témoignage*, XO, 2006.
2. Entretien avec l'auteur, 4 octobre 2007.

tot, en Normandie. Dans ses romans, Annie Ernaux évoque avec sensibilité et crudité les bonheurs et les affres de l'ascension sociale. La patronne de Korian utilise toujours des expressions d'autrefois, de sa vie d'avant.

– *Parler de la fin du travail, c'est un truc de bourge.*

– Que penserait la petite fille que vous avez été de la femme que vous êtes aujourd'hui ? Ne se dirait-elle pas « oh la bourgeoise ? ».

– *La pire insulte que je lance à mes filles, c'est « gosses de riches ! ».*

Cela rappelle une phrase de Pinault : « Je ne voulais pas faire des gosses de riches[1]. »

– *Ce sont objectivement des gosses de riches, par bonheur elles n'en ont pas les réactions.*

– Avoir trahi votre classe, ce sentiment vous a taraudée ?

– *Ah, ça non, jamais ! J'ai beaucoup travaillé pour le service public, ce n'est pas un hasard. La question pour moi n'est pas « à quoi ça sert de réussir ? », mais « à quoi je sers ? ». À la sortie de l'ENA, j'ai choisi l'Inspection générale des affaires sociales alors que mon rang de sortie m'autorisait au Trésor.*

– Qu'est-ce qui ne vous plaît pas dans la bourgeoisie ?

Pour la première fois de l'entretien, elle hésite. Elle craint que la question ne comporte trop de sous-entendus. Ou qu'une réponse sincère soit risquée.

– Plutôt, qu'est-ce qui vous distingue de la bourgeoisie ?

– *C'est que moi j'ai su comment ça se passe dans les classes populaires.*

« J'ai su. »

Elle a le bon goût de ne pas dire « je sais ».

Et pourtant elle n'a peut-être pas tort.

---

1. *Paris Match,* 12 décembre 1991.

Les friandises des confiseurs

> « Ce n'est pas tant d'être riche qui fait le
> bonheur, c'est de le devenir. »
>
> Stendhal
> *Vie de Rossini*

En 1948, Auguste Detœuf publiait un étrange ouvrage, *Propos de O. L. Barenton, confiseur*[1]. Ce polytechnicien né en 1883 avait été le directeur général de Thomson-Houston et, de 1928 à 1940, le premier président de l'entreprise Alsthom. Pendant la Seconde Guerre mondiale, il fut le président d'un « comité d'organisation » de Vichy, le comité des industries de la construction électrique.

Mais avec ses allures de savant Cosinus, son chapeau digne du sapeur Camember, Detœuf était un homme de rigueur. En préface de l'ouvrage, le directeur du *Figaro* de l'époque, Pierre Brisson, écrivit à propos de l'auteur : « Il semblait avoir accompli par hasard, ou plutôt par une sorte d'inadvertance, sa carrière dans le haut patronat. »

---

1. Auguste Detœuf, *Propos de O. L. Barenton, confiseur*, Éditions du Tambourinaire, 1948.

Mieux, « nul n'était moins ambitieux d'honneurs ou d'argent, moins autoritaire ni moins possesseur que lui ».

Avec les *Propos de O. L. Barenton, confiseur,* l'homme spirituel, indépendant d'esprit qu'était Detœuf, publiait l'équivalent pour le monde des affaires de ce que furent les *Maximes* de La Rochefoucauld. Il évoque les « lois générales découvertes en écoutant les industriels », les « écoles », les « conseils d'administration ». Plein d'un sens profond de l'humanité, de bon sens et d'ironie, l'ouvrage débute par un chapitre sur l'argent, ainsi sous-titré : « On fait tout avec de l'argent, excepté des hommes ».

Sa première question :

« Laquelle de ces deux vérités est la vérité ? Il faut être très riche pour se permettre d'être honnête. Il faut être très riche pour se permettre de manquer d'honnêteté. »

Pierre Bilger aurait adoré écrire ce livre. À l'instar de Detœuf, il dirigea Alsthom pendant douze ans. Quand Bilger publia à son tour un livre, il plaça en exergue une citation tirée des propos du confiseur : « Il ne faut jamais oublier de prévoir l'imprévu. »

Bilger avait omis de respecter la prescription. Cela lui coûta un gros pactole, mais aussi une partie de sa réputation. *Quatre millions d'euros, le prix de ma liberté,* tel est le titre de son livre.

En août 2003, les gazettes révélèrent qu'il avait quitté l'entreprise en empochant un chèque de 5,1 millions d'euros. Or l'entreprise allait mal, très mal. Il faudrait à l'État débourser 300 millions d'euros pour la renflouer. Pendant quelques jours, la polémique fit rage, comme cela arrive de temps à autre à propos des salaires des grands patrons. Généralement, les intéressés plient l'échine et attendent que l'orage passe.

Très vite, Bilger décida de mettre fin au scandale. Le 19 août 2003, il annonçait dans *Le Monde* renoncer à ses indemnités, soit 4,1 millions d'euros. Il ne les avait pas volés, ces millions d'euros, ils lui avaient été accordés par le conseil d'administration.

Quatre ans plus tard, Pierre Bilger revient sur l'affaire :

– *Comme dit la chanson, je ne regrette rien*[1].

L'ex-patron reconnaît que ses ressources suffisaient amplement à sa vie et à celle de ses descendants.

– *Mais je privais mes enfants d'une forme de patrimoine.*

Pourquoi l'a-t-il fait ? À cause d'un sentiment de culpabilité ? À la Libération, le père de Bilger avait été condamné pour collaboration avec l'ennemi. À la sortie de prison du père, les parents se sont séparés. C'est de l'exemple de sa mère, et peut-être d'un besoin intime d'exorciser le passé, que les enfants tirèrent leur ambition. Le frère cadet, Philippe, deviendrait un célèbre avocat général à la cour d'appel de Paris.

– *La famille a été bouleversée par la condamnation de notre père. Nous sommes passés par des périodes très difficiles. Le déclic fondamental, le catalyseur de la volonté de travail, c'est clairement notre mère, qui voulait que nous surmontions cette épreuve.*

Bilger a son idée sur le rapport à l'argent de ses pairs.

– *Les patrons n'ont pas mauvaise conscience quand ils reçoivent des pactoles car ils ont le sentiment d'être soumis à des sujétions et des contraintes sans égales.*

Passons sur les risques juridiques personnels. En fait, comme l'ancien P-DG de L'Oréal, les patrons mesurent leur puissance à leurs revenus.

Ô mon compte en banque, dis-moi que je suis le plus beau !

---

1. Entretien avec l'auteur, 10 mai 2007.

– *Quand ils comparent leurs rémunérations avec celles des avocats d'affaires et des traders, ils ne comprennent pas pourquoi ils gagnent moins.*

La pression est pire qu'on imagine. Elle est considérable lors des *road shows*, ces tournées mondiales au cours desquelles les patrons ressassent les mêmes refrains auprès des actionnaires, des fonds de pension et des analystes financiers. De l'avis des intéressés, des discours calibrés, répétitifs, une tâche harassante sans le moindre intérêt.

– *Lors de mes* road shows, *je me disais que j'aurais été plus respecté par les fonds de pension qui investissaient si j'avais été âpre au gain. Quand j'indiquais le montant de ma rémunération aux financiers, j'avais le sentiment qu'ils me trouvaient petit joueur.*

Le salaire de Bilger était pourtant de 600 000 à 800 000 euros par an.

– *Colossal du point de vue français mais ridicule du point de vue international.*

Comme écrit Detœuf : « L'argent est comme la foule qui s'entasse dans le café où il y a foule et déserte le café d'en face, non parce qu'on y est mal servi, mais parce qu'il est vide. »

Le savetier et le financier

« Pour les hommes, il n'y a jamais eu d'ins-
titution aussi fatale que l'argent. »

Sophocle
Antigone

La Fontaine, *Fables,* livre VIII : « Le savetier et le financier ». Moins connue que celle du corbeau et du renard,
l'histoire est du même acabit.

Le savetier et le financier habitaient l'un à côté de
l'autre. Le savetier chantait du matin jusqu'au soir, et
c'était merveille de le voir et de l'entendre.

> *Son voisin, au contraire, étant tout cousu d'or,*
> *Chantait peu, dormait moins encore.*

C'était le financier, souvent réveillé par le chant du
savetier, qui, exaspéré, lui donna un jour cent écus.
Dans quel piège le pauvre homme n'était-il pas tombé :

> *Il retourne chez lui ; dans sa cave, il enserre*
> *L'argent et sa joie à la fois.*
> *Plus de chant : il perdit la voix*
> *Du moment qu'il gagna ce qui cause nos peines.*

Le sommeil quitta son logis, il eut pour hôtes les soucis,
Les soupçons, les alarmes vaines.

Que se passa-t-il alors ? Le savetier, fort marri, fit volte-face. Il revint vers son voisin qui lui avait donné un cadeau si empoisonné.

Rendez-moi, lui dit-il, mes chansons et mon somme,
Et reprenez vos cent écus.

Fin de la fable.
– *Vous connaissez la fable du savetier et du financier*[1] ?
L'homme qui pose la question n'est autre que Claude Bébéar, le fondateur de la société d'assurance Axa.
– *Pendant mon enfance dans un petit patelin de Dordogne, je me disais « un jour, je serai peut être président de la République », mais je n'avais pas l'idée précise de ce que je ferais. C'était comme un livre ouvert.*
Le fils d'instituteurs lisait les journaux et fantasmait sur les milliardaires grecs, le patron de Fiat, celui de Michelin.
– *Quand je jouais avec mes petits camarades, je voulais toujours être le chef. Je pensais toujours, j'ai toujours eu cette idée, d'être chef.*
Un livre de Sartre l'a beaucoup marqué, *L'enfance d'un chef.*
Chef, il le fut, et riche aussi.
Bébéar assure que ce n'est pas une sinécure.
– *À un certain niveau, on a peur de perdre son argent.*
Et ça vous pourrit la vie.
Mais si l'on est vraiment très riche, c'est autre chose.
– *À un certain niveau au-dessus, on n'a plus peur.*

---

1. Entretien avec l'auteur, 4 juillet 2007.

Quoi qu'on perde, il restera toujours des fortunes. Encore que. On n'est jamais à l'abri des risques sismiques de l'histoire.

— Il peut y avoir une révolution, on vous pique tout. Vous savez, il y a eu ces gens riches en Russie en 1917 et l'année suivante ils se retrouvaient chauffeurs de taxi à Paris.

Comment jouir, devant tant de périls ? Bébéar affiche une forme de simplicité, feinte ou réelle. Il allègue qu'un vêtement « cheap », ce n'est pas désagréable à porter. Et qu'il ne s'assied pas qu'aux tables répertoriées au *Gault-Millau.*

— C'est très agréable d'aller dans un bon restau, mais dans un bon boui-boui, il y a une ambiance parfois plus délassante.

— Ça vous arrive toujours d'aller dans un boui-boui ?

— Ça m'arrive d'aller dans un restau avec une ambiance prolo, c'est sympa, dès lors que ça n'est pas vulgaire. Dans les quartiers dits sensibles, vous retrouvez une énergie vitale. Dans les beaux quartiers, à force d'être polis les gens finissent par être ennuyeux.

Encore une crainte des nantis, l'ennui !

« Qu'il est heureux le savetier... »

> « Il avait écouté le dieu de cette vanité cré-
> pitante dont le clinquant nous semble être
> un symbole de puissance. »
>
> Honoré de Balzac
> *Le Père Goriot*

Au cours de l'enquête, une autre personne me cite
« Le savetier et le financier ».

Xavier Niel.

La fable de La Fontaine l'inspire.

Propriétaire des deux tiers d'Iliad, une société qui
vaut près de 3 milliards d'euros, créateur de la fameuse
Freebox, qui permet de se connecter au web, de télé-
phoner et de regarder la télévision à volonté pour un
prix modique, Niel parle d'une voix fluette. Ses intonations montent et descendent comme le flux et le reflux
de vagues. Avec ses cheveux longs, sa dégaine dodeli-
nante, sa chemise sortie du pantalon, et surtout ce rire
trébuchant, houhouhou, hououhouou, il a l'air bien
dans sa peau.

Néanmoins, Niel juge que « *la nature humaine est pleine
de soucis* ». Notamment celle d'un patron. La perte du
sommeil, il connaît. Des nuits d'insomnie, parfois dix,
quinze de suite. Cri du cœur :

– *Qu'il est heureux le savetier*[1] !

Fils d'un père juriste dans un laboratoire pharmaceutique et d'une mère comptable, qui rêvaient d'autre chose pour lui, Niel a amassé assez d'argent pour plusieurs générations.

– *Voire plus...*

Se plaindre ne lui vient pas à l'esprit, et pourtant.

Dans la fable, pendant sa période aisée, le savetier tremble dès qu'il entend le bruit d'un chat.

Et si le félin prenait l'argent ?

Un jour, sous les yeux du patron, une souris a filé sur le sol de la cafétéria de Free. Ça a miné Niel, autant qu'une attaque de virus sur ses organes vitaux. De la même manière, les variations du cours de Bourse le font chavirer. Le jour où la capitalisation perd 5 %, ça n'a que peu d'importance, il en est conscient, mais ça le déprime.

Contrairement au financier de la fable, jamais Niel ne sera réveillé par le chant d'un savetier. La villa Montmorency où il habite est sans conteste l'impasse la plus cotée des beaux quartiers de Paris, l'équivalent de Kensington à Londres. Ses voisins ? Vincent Bolloré, Alain Afflelou, Jean-Paul Baudecroux, Tarek Ben Ammar. Les gammes que l'on fait ici, ce sont celles de l'argent. Un jour, à l'arrivée de Niel à la réunion de copropriétaires, Bolloré se montre sarcastique, lui lançant : « *Ah, voici l'homme le plus riche de la villa !* »

Finir le plus riche du cimetière, Niel a l'air indifférent.

– *Je verrai ce que je dirai à 75 ans, hou houhou.*

En attendant, qu'aimerait-il acheter, qu'il n'a pas ?

– *L'immortalité !*

Il plaisante à peine.

---

1. Entretien avec l'auteur, 25 septembre 2007.

– *Une sérénité, un bonheur quotidien,* dit-il plus sérieusement.

A-t-il réfléchi aux moyens de se le procurer ?

– *Non, ça paraît inaccessible.*

C'est étrange tout de même. Consacrer autant d'énergie depuis vingt ans à réussir au-delà des rêves, et ne pas réfléchir davantage à ce qui pourrait le combler.

Une fois par semaine, Niel aime à descendre dans ces catacombes sans ossements que sont les anciennes carrières de la capitale. Dans ce « ventre de Paris », il s'aventure à travers les labyrinthes. Il descend au fond avec ses amis d'autrefois, ceux que l'on se fait à un âge où l'expression n'est pas encore galvaudée. Car désormais, dans le monde, il a beaucoup, beaucoup d'amis. Dans ce monde, il suffit de s'être vus quatre ou cinq fois pour se faire de beaux serments. Les sentiments, dans ce monde-là monsieur, ne valent pas tripette.

Niel s'en est rendu compte en juin 2004, quand il s'est retrouvé pour un mois en détention provisoire, suspecté de proxénétisme aggravé. De cette accusation, il sera lavé par un non-lieu. Niel en est certain, il n'aurait pas eu d'argent, rien ne se serait passé de cette manière. Ni le mal ni le bien. Sans sa fortune, le dossier ne serait sans doute pas parvenu au cabinet du magistrat Renaud Van Ruymbeke. À l'inverse, sans sa fortune, il n'aurait pas eu droit à une porte d'entrée dérobée au tribunal.

Niel fait mine d'avoir pris l'expérience par le bon bout. Par pudeur, il en rajoute dans la bonne humeur. Florilège.

– *Je me suis moins lavé que d'habitude, j'ai ingéré de la nourriture peu ragoûtante, j'ai fréquenté des gens potentiellement violents, et l'extinction des feux m'empêchait de lire le soir. Mais j'ai perdu du poids et dormi plus que jamais. Et surtout je suis sorti bronzé...*

De prison ?

– *À force de regarder le soleil à travers les barreaux. Autant retenir ce qu'il y a de positif. Le tout a été payé par l'administration française et j'ai reçu les excuses de la justice...*

Niel sait gré au juge Van Ruymbeke d'être revenu sur l'incrimination initiale. Sur le magistrat, il ne tarit pas d'éloges. Au point que sa femme, parfois, lui lance :

– *Tu es en plein syndrome de Stockholm...*

Et si l'épouse se trompait ? Et si tout simplement l'homme d'affaires avait découvert à cette pénible et douloureuse occasion l'ampleur des fausses amitiés ? Et si, sa famille étant présente pour le soutenir, il était tout simplement revenu sur terre ?

– *Parfois je me dis :* « *Qu'est-ce que ce serait bien d'avoir une vie normale.* »

La vie normale ! En ont-ils vraiment envie ?

Niel est pourtant issu d'une famille catholique qui n'a jamais considéré les billets comme des unités de compte de la vie. Longtemps, ses parents lui ont dit qu'ils étaient fiers de lui, mais lui n'y croyait pas. À cause de son argent, peut-être. Sa fortune, d'ailleurs, il n'est pas enclin à la livrer toute cuite à sa descendance. Ni de son vivant, ni à sa mort.

– *Il ne faut pas répondre à la totalité de leurs demandes.*

Il considère le parfum de l'argent dangereux pour des enfants. Il estime qu'une Porsche offerte à un adolescent de dix-huit ans peut le tuer à petit feu, en le privant de ce qu'il a de plus précieux, le désir.

– *Quand vous êtes très riche, vous créez des comportements extrêmes autour de vous.*

Référence aux nouveaux amis qui tentent de s'agglutiner.

– *Pourquoi faire des cadeaux mirifiques à mes enfants ?*

L'homme s'amuse de ces patrons obsédés par leur lignée, qui n'ont d'autre objectif que de tout transmettre à leurs enfants, et qui, pour ça, sont disposés leur vie durant à sacrifier leurs liens avec eux. Avec ses propres rejetons, âgés de moins de dix ans, il préfère le *carpe diem*, en leur consacrant beaucoup plus de temps qu'un père lambda.

– *La plupart des patrons ont un ego démesuré. Il suffit de voir jusqu'à quel âge ils bossent. Pour reprendre l'entreprise, ils essaient le premier enfant, puis le deuxième...*

Cet engrenage, pas aussi terrible certes que celui du film de Chaplin *Les temps modernes*, Niel n'en veut pas pour lui. Promis, il ne rêve pas d'agrandir sa cassette à l'infini. Ne serait-ce que parce qu'il récuse le principe de l'héritage.

– *J'estime l'héritage par nature indu.*

Non seulement l'impôt sur les successions ne le rebute pas, mais il y est très favorable. Petite précaution, tout de même.

– *Je verrai ce que je dirai à soixante-quinze ans.*

La découverte des sociologues

Pourquoi ces difficultés à trouver le bonheur ? Pourquoi cette dimension tragique qui semble accompagner toute réussite ?

Sociologues de la bourgeoisie, Monique Pinçon-Charlot et son mari Michel Pinçon ont leur idée. Époux à la ville, retraités du CNRS, ils ont consacré une bonne partie de leur carrière à étudier les élites françaises. L'aristocratie et la bourgeoisie n'ont plus guère de secrets pour ce couple, qui a publié des ouvrages tels que *Sociologie de la bourgeoisie*, *Voyage en grande bourgeoisie*, *Dans les beaux quartiers*, et *Les ghettos du gotha*. Fils d'un coursier de banque, Michel Pinçon affiche un caractère affable, pince-sans-rire. Plus vive, rigolote, son épouse, fille d'un procureur de la République de Lozère, aime à lui damer le pion. Un rendez-vous avec le couple est un spectacle vivant, avec reparties à la clé, piques acides, complices.

Monique Pinçon-Charlot et Michel Pinçon ont dîné à

la table des *rich and famous*, voyagé sur leurs yachts, dormi dans leurs châteaux. Ils ont partagé l'intimité des sommités du Jockey Club et du Cercle Interallié, ils se sont « tapé des cocktails », bref, ils se sont adonnés à ce qu'en sociologie on appelle de l'« observation participante », mais jamais ils ne se sont sentis comme des poissons dans l'eau.

Ils pensaient, autrefois, qu'on ne peut pas tout avoir.

Maintenant, ils savent que c'est faux.

Les époux ont une sensibilité de gauche très nette, mais ils ont toujours distingué les individus des classes sociales.

Lui :

– Nous sommes entrés en contact avec des grands bourgeois enrichis par prélèvement de plus-value. Mais nous ne nous sommes pas dit : « Ces salauds, ces exploiteurs, ça nous fait gerber. »

Ces deux sociologues sont-ils d'accord avec notre constat que les parangons de réussite parlent peu de plaisir, de jouissance ?

Madame opine du bonnet :

– Oui, j'ai eu ce sentiment quand nous avons rencontré des gens partis d'en bas.

Chercher l'élection requiert de l'effort, de la souffrance. Sur le chemin du succès, pas question de se laisser aller, de profiter de la vie. Il faut trimer. Une fois arrivé au but, on ne sait pas faire autre chose. Occultée un temps derrière l'action, l'angoisse réapparaît à l'arrêt.

Mme Pinçon-Charlot :

– Je ne dirais pas la même chose des détenteurs du vieil argent.

Lui :

– Nous avons rencontré le bonheur chez les héritiers, ceux qui estiment n'avoir pas à se prouver quoi que ce soit.

Chez ces gens-là, « c'est que du bonheur ». On vit entre soi, dans la certitude de la sécurité éternelle. Depuis le plus jeune âge on flotte dans la vie, sans être intimidé par des montagnes à gravir.

Dans l'éden terrestre de la richesse permanente, solide, tout est confiance.

Monique Pinçon-Charlot :

– *Héritier, vous n'êtes pas dans le calcul. Vous êtes dans le repos, la sérénité.*

Michel Pinçon :

– *La réussite, c'est plus tendu.*

La tension, c'est le mot. La réussite est une tension. Ceux qui veulent réussir ne se laissent pas vivre, ils sont sans cesse dans la bagarre, dans l'incertitude de l'avenir.

Et puis il y a autre chose. Ceux qui réussissent changent de milieu social. Leur *habitus* frémit, vibre. L'*habitus*, chez Bourdieu, c'est l'ensemble des dispositions intériorisées, une langue maternelle mentale.

Lui :

– *Quand on vit depuis longtemps à l'étranger, parler sa langue maternelle est un plaisir. C'est la même chose en société.*

La sérénité consiste à être « comme un poisson dans l'eau ». Or un poisson ne se sent dans l'eau que dans son bain naturel, dans sa famille d'origine.

Si la lutte en effet a des vertus, si la concurrence peut avoir des conséquences bénéfiques sur notre humeur et notre résistance à la maladie et même à la dépression, il serait injuste de croire que, dans une société, le combat quotidien peut empêcher de ressentir les piqûres de l'existence.

À peine disparue, l'angoisse réapparaît. Le perdant ne se dit pas qu'il a livré un beau combat. Même s'il s'est montré valeureux, même si un instant il a oublié son triste sort humain, il se compare.

La comparaison, malédiction moderne. Comme il est usuel de se comparer à « plus », on est renvoyé à sa condition de « moins ». Moins riche, moins puissant, moins *successful*, moins immortel, et croit-on, moins heureux.

Moins tout.

Le porte-monnaie plein de vide

> « Toute opulence qui n'est pas mon Dieu m'est disette. »
>
> Saint Augustin

Dans le tome II de *De la démocratie en Amérique,* Alexis de Tocqueville consacrait son chapitre XIII à la question : « Pourquoi les Américains se montrent si inquiets au milieu de leur bien-être ».

Il racontait avoir rencontré outre-Atlantique des parangons de liberté et de clarté, dans les conditions les plus heureuses du monde. Et pourtant, la plénitude ne lui avait pas sauté aux yeux : « Il m'a semblé qu'une sorte de nuage couvrait habituellement leurs traits ; ils m'ont paru graves et presque tristes jusque dans leurs plaisirs. »

Rien à voir avec le « visage serein » et l'« humeur enjouée » des ressortissants de cantons retirés de la vieille Europe. La raison ? Les Européens de l'époque « ne songent point aux maux qu'ils endurent », tandis que les citoyens de la démocratie américaine « songent sans cesse aux biens qu'ils n'ont pas ».

Tocqueville livre une analyse sociologique : « C'est une chose étrange de voir avec quelle sorte d'ardeur fébrile les Américains poursuivent le bien-être, et comme ils se montrent tourmentés sans cesse par une crainte vague de n'avoir pas choisi la route la plus courte qui peut y conduire. »

Comme le dit l'auteur : « Ce qui attache le plus vivement le cœur humain, ce n'est point la possession paisible d'un objet précieux, c'est le désir imparfaitement satisfait de le posséder et la crainte incessante de le perdre. »

Il explique « comment l'amour excessif du bien-être peut nuire au bien-être ».

C'est le paradoxe.

À force de chercher, on peut finir par s'éloigner de ce qu'on veut trouver.

« Celui qui a renfermé son cœur dans la seule recherche des biens de ce monde est toujours pressé, car il n'a qu'un temps limité pour les trouver, s'en emparer et en jouir. Le souvenir de la brièveté de la vie l'aiguillonne sans cesse. Indépendamment des biens qu'il possède, il en imagine à chaque instant mille autres que la mort l'empêchera de goûter, s'il ne se hâte[1]. »

Pour réfléchir à ces motivations cachées, il faut avoir été un jour ébranlé.

Denys Chalumeau a réfléchi après des crises, car la réussite lui était difficile. Du sourire sur son visage surgit la tristesse. Pourtant, son compte bancaire vient d'être approvisionné. Il vient de percevoir une petite fortune. À quarante-trois ans.

– *Quand la réussite vous tombe dessus, il y a un questionnement. Pourquoi moi ? Pourquoi pas les autres ? Sans doute le*

---

1. Alexis de Tocqueville, *De la démocratie en Amérique*, t. II, Gallimard, 1961.

même questionnement taraude-t-il quand on échoue. Pourquoi moi, pourquoi pas les autres[1] *?*

Mère professeur d'université, père navigant à Air France, en région parisienne. L'enfant aspirait à deux choses peu compatibles : faire plaisir à ses parents et surtout ne pas leur ressembler. Cancre, il rata deux fois son bac. Au sortir de l'adolescence, à côté d'un frère aîné « artiste brillant en devenir », le jeune adulte expérimenta le « dynamisme de l'échec ». Il en était convaincu au fond de son être :

— *Je suis juste bon pour la glandouille.*

Au début des années quatre-vingt, Chalumeau rencontre une jeune femme, sa future épouse. Après sa jeunesse frustrée, des années d'éveil amoureux sans objet, c'est une révolution. Il comprend soudain qu'un « branleur » ne saurait nouer une relation durable. Son niveau d'études s'améliore comme par miracle ! Sans le bac, il entreprend trois ans de formation d'ingénieur d'architecture de réseau.

— *Pour avoir une chance de réussir, il faut en rêver. Toute personne qui gagne au Loto a d'abord rêvé de gagner au Loto.*

En 1992, Chalumeau lance des sites de tourisme, d'immobilier, d'emploi, de pronostics hippiques, de rencontres sur le Minitel : 2615 Promo-vacances, 3615 Se Loger, etc. Dès 1996, il convertit tous ses sites sur le Net, encore balbutiant. Sa société est bientôt valorisée à 500 millions de francs. Mais l'éclatement de la bulle Internet et celui des tours du World Trade Center le 11 septembre 2001 auront raison de sa sérénité et de sa prospérité.

La société est placée sous administration judiciaire.

— *J'ai deux cent cinquante employés. Notre bateau est dans une tempête. Sur le pont, le capitaine que je suis s'efforce de*

---

1. Entretien avec l'auteur, 23 octobre 2007.

t le monde. On sauve le bateau. Une fois la mer cal-
rvu d'adrénaline, je m'écroule.

La déprime. Pas tout à fait celle qui cloue au lit, mais celle qui éreinte et oblige à retrouver l'équilibre.

– *Rentré chez moi, je m'aperçois du désastre. J'ai délaissé ma famille.*

Ces déboires « familiaux » suscitent un questionnement existentiel. Chalumeau les évoque à la manière d'un anthropologue, dans un récit où il se compare à un mâle dominant délaissé par sa femelle.

– *Si on va à la chasse pour rapporter beaucoup de viande, c'est quand même pour sa famille. Je me dis que je suis un grand chasseur, j'ai rapporté beaucoup de viande, mais je n'ai plus de famille.*

Denys Chalumeau se lance dans une thérapie réussie. Sa vie familiale retrouve des couleurs. Ses bilans aussi. Avec son associé, il décide en 2006 d'introduire sa société en Bourse. Elle est aujourd'hui estimée à plus de 700 millions d'euros. Il en perçoit une partie en cash.

Cent millions d'euros !

Un calcul s'impose.

Supposons la somme affectée à un produit financier de père de famille, à 4 % l'an. En dormant, les intérêts rapportent tout de même 4 millions d'euros par an. De quoi profiter de la vie. Mais rien n'est jamais simple.

– *Début 2007, je m'écroule à nouveau.*

La première fois, c'était après un flop. La seconde déprime tient à son succès.

– *Je me lève le matin pour partir à la chasse alors que j'ai 15 000 réfrigérateurs pleins à ras bord de gibier.*

Le chasseur n'a plus de raisons de chasser.

– *Donc mon élan vital est cassé.*

Pendant trois mois, il se fait violence pour sortir de sa chambre. À l'extérieur, il donne le change. Un cercle de proches l'aide à faire comme si.

L'intéressé reprend du poil de la bête, mais il se passe pourtant de drôles de choses dans sa tête. Le jeune patron richissime perçoit en lui une remontée d'animalité. Or quel est le but de la vie d'un animal, sinon la survie de l'espèce ?

Ce qui vient à son esprit est proprement stupéfiant :

– *Je me disais que je devais absolument transformer mon succès en un succès reproducteur.*

En son for intérieur, il se dit désormais :

– *Denys, tu as tout faux, réussir dans la vie, ce n'est pas avoir plein de pognon, c'est avoir plein d'enfants. Un aborigène avec vingt enfants a mieux réussi que toi.*

Il ne se contente pas de cette découverte. Il prend une résolution. Les mammifères ne sont pas monogames en général, n'est-ce pas ? Un seul but désormais :

– *Me taper le maximum de nanas.*

Mieux encore, ou pire. Du sommet de sa fortune, benoîtement il va réclamer à sa femme de rebâtir leur lien marital sur de nouvelles bases. Il songe même à financer une banque du sperme dont il serait le donateur principal !

Procréer partout sur la surface de la terre. À l'infini.

Délire ?

Grâce à la lecture de livres de psychologie évolutionniste et des ouvrages d'anthropologie, l'entrepreneur va mettre fin à cette folie. Il se rend compte que plusieurs principes de reproduction sont envisageables :

– *Soit l'animal engendre plein de petits et s'en occupe très peu, avec un certain nombre qui survivent statistiquement, soit il fait très peu d'enfants mais s'en occupe beaucoup. J'ai finalement choisi cette solution.*

– Ainsi parvenez-vous à remonter la pente ?

– *Je me dis : « Tu as trois gamins, tu ne vas pas rester comme ça. » Surtout, ne corromps pas tes propres enfants.*

Chalumeau en est désormais convaincu. S'il n'a pas donné vie à cinquante enfants, grâce à ses moyens financiers il assure la sécurité d'au moins dix générations de Chalumeau.

Les cinquante enfants dont il rêvait dans ses égarements sont devenus cinquante descendants.

Chalumeau a cinq maisons. Dans chacune d'elles, une femme de ménage et un jardinier. Cela en fait-il un homme heureux ?

En tout cas, en faisant appel à la psychanalyse, il a décidé d'être un homme, pas seulement un animal.

5

COMME DES RATS
DANS LEUR ROUE

On ne cesse de nous inciter à nous lancer dans une course frénétique afin de gagner une place au soleil. On nous somme d'imiter les modèles proposés par les puissants et les riches. Mais au juste, de quelle course s'agit-il ?

Qui veut gagner la « course des rats » ?

> « Certains ont défini l'homme comme "un animal qui rit". Ils pourraient aussi le définir justement comme un animal dont on rit. »
>
> Henri Bergson
> *Le rire*

Pour désigner la compétition effrénée pour le pouvoir, l'argent, le succès, la gloire, pour illustrer le principe de sélection darwinienne par lequel seuls les meilleurs, les plus forts, ou les plus chanceux s'en sortent et parviennent à leurs fins, pour représenter les angoisses, les chocs et les tensions de cette lutte sans pitié, les Américains ont une expression : la *rat race*.

La course des rats.

L'expression s'inspire des rats de laboratoire qui croient trouver une issue en courant à l'intérieur des roues des cages et, qui, bien entendu, s'épuisent frénétiquement sans jamais arriver nulle part.

Inutile de faire un dessin, l'idée c'est qu'on a beau faire tous les efforts du monde, qu'on peut consacrer toute son énergie à réussir, à la fin on ne trouvera pas nécessairement le bonheur.

En 1976, la notion inspirait une chanson du chanteur de reggae jamaïcain Bob Marley, dans son album *Rastaman vibration.* Quatre ans plus tard, le légendaire groupe de ska britannique, The Specials, interprétait à son tour une chanson intitulée *Rat race,* mais avec des paroles différentes, écrites par Roddy Byers.

> *Vous allez travailler pour la course des rats*
> *Vous savez que vous perdrez votre temps.*

On se met sur les rangs de la *rat race* pour parler fièrement de sa Jaguar, c'est ce que disaient les paroles. Bien.

Les chanteurs reprennent souvent le refrain de la « course des rats ». En 1986, le Français Bernard Lavilliers y faisait allusion dans son morceau *East side story.*

En 2006, le crooner surréaliste d'origine chilienne Adanowsky intitulait l'une des chansons de son album *Étoile éternelle* « La course des rats ».

> *Eh oui, un jour, ils n'auront plus vingt ans*
> *Mais leurs os ne voudront plus danser*
> *Hélas ils persistent, ils n'arrêteront jamais*
> *Ah quelle énergie mes enfants*
> *C'est la course des rats*
> *La guerre pour un morceau de cinéma.*

À trente-trois ans, Pierre Kosciusko-Morizet connaît la petite musique de la *rat race.* Frère de la secrétaire d'État à la Prospective et l'Économie numérique du gouvernement de François Fillon, il lançait la société de commerce en ligne PriceMinister deux ans après sa sortie d'HEC. Avec ses associés, il dort désormais sur un matelas d'environ 120 millions d'euros[1].

---

1. *Challenges,* 10 juillet 2008.

Qui veut gagner la « course des rats » ?

Kosciusko-Morizet connaît si bien la chanson de Bob Marley qu'il a l'intention d'arrêter bientôt les affaires pour se lancer dans une carrière... de chanteur.

Pour l'instant, il disserte.

— *Après quoi courent-ils, peu de gens se posent cette question*[1].

— Vous vous la posez ?

— *Je fais beaucoup de philosophie de comptoir. Non pas en lisant Nietszche, mais avec des questions basiques.*

Je lui demande ce qu'il pense de la quête éperdue pour l'oseille, le fric, les sous, le pognon, la thune, l'avoine.

— *En général, les gens sont pris dans un tourbillon, un fleuve, un flux, ils avancent avec les autres. On court tous après un truc. Je ne crois pas que ce soit juste par souci d'accumulation.*

— Après quoi court-on alors ?

— *Quand on a 50 millions de dollars, passer de 50 à 100 signifie que l'on a plaisir à la course elle-même.*

On court pour rattraper les autres coureurs. Pour les dépasser. En substance, c'est ce que nous révélait Owen-Jones, celui qui se voulait le « premier de la classe », le premier de la cage.

Fils de bonne famille, entouré de gens aisés et beaux, Kosciusko-Morizet n'est guère réjoui par son milieu :

— *Les gens qui réussissent sont tarés à la base ou ils deviennent tarés en réussissant.*

Quel mauvais augure !

---

1. Entretien avec l'auteur, 26 juillet 2007.

Les expériences de Laborit

« L'homme n'est pas supérieur à l'animal
car tout n'est que vanité. »

David Duchovny
X-Files

En 1980, le film d'Alain Resnais *Mon oncle d'Amérique*
traitait de l'ambition. De manière originale, le réalisa-
teur avait choisi d'entrecouper son scénario d'extraits
d'entretiens avec le biologiste Henri Laborit, à propos
des rats justement.

Le chercheur explique que la seule raison d'un être,
c'est de se maintenir en vie. Que pour survivre, il lui faut
se déplacer, et que pour se déplacer il lui faut un système nerveux.

Un cerveau, dit Laborit, ça ne sert pas à penser, mais
à agir.

Le scientifique décrit une expérience scientifique très
instructive. On installe un rat dans une cage composée
de deux compartiments séparés par une porte. Réguliè-
rement, on allume une lampe, et quatre secondes après
on fait passer du courant électrique dans le plancher de
l'espace où se trouve le rat. Ce dernier passe de l'autre
côté. Il ne faut pas rééditer souvent l'expérience pour

que le rat s'enfuie dès qu'il aperçoit la lampe. Même si l'animal subit ce traitement peu sympathique tous les jours pendant dix minutes, au bout d'une semaine sa tension est toujours parfaite et le poil lisse.

Bref, le rat est en pleine forme.

Si en revanche l'on ferme la porte entre les deux compartiments de la cage, le rat ne peut plus s'enfuir. Il est condamné à supporter les charges électriques. Laborit estime qu'il s'inhibe. Il ne peut rien faire, alors il développe de la fatigue, des maladies.

Il est angoissé.

La porte toujours fermée, installons deux rats, et soumettons-les aux mêmes procédés. Logiquement, on peut imaginer qu'empêchés de fuir, l'un et l'autre seront victimes des mêmes syndromes.

Pas du tout.

Les deux rats qui ont souffert des décharges électriques sans pouvoir passer dans l'autre compartiment sont fringants.

Que s'est-il donc passé ?

C'est simple, les rats ont lutté l'un contre l'autre. Adversaires, ils n'ont pas songé au courant électrique sous leurs petites pattes. Ce combat n'avait aucun intérêt, sinon celui de se soulager les nerfs.

Ce récit prouve l'intérêt de se battre.

D'agir, peu importe l'action.

Quand un rat tente de mordre les autres, il ne se ronge pas les sangs. Souvenons-nous : Pinault disait avoir eu envie de « bouffer les autres, c'est tout ».

À l'hôpital Sainte-Anne, le psychologue Christophe André, auteur de plusieurs best-sellers, reçoit souvent des gens connus. Il fait un constat.

– *L'action est le plus grand anxiolytique qui soit*[1].

---

1. Entretien avec l'auteur, 20 novembre 2007.

C'est le remède des états d'âme – titre de son dernier livre – des rats et des êtres humains.

– *L'élan vital, ce goût animal que nous avons, permet de ne pas nous poser de questions sur le sens de la vie.*

Ah, c'est peut-être la raison pour laquelle, lorsque nous avons demandé ici ou là « à quoi sert de réussir ? », nous sommes souvent rentrés bredouilles.

Tout simplement parce que la course à la réussite a pour intérêt d'éviter les grandes interrogations.

Le meilleur usage du cerveau

« L'humanisme, ce n'est pas dire : "Ce que j'ai fait, aucun animal ne l'aurait fait", c'est dire : "Nous avons refusé ce que voulait en nous la bête". »

André Malraux
Les voix du silence

Le grand économiste britannique Keynes affirmait dans son livre le plus abouti, *La théorie générale de l'emploi, de l'intérêt et de la monnaie,* que les entrepreneurs sont mus par des « esprits animaux ».

L'éthologie, la science qui consiste à étudier les comportements animaux et humains, est une discipline fort délicate pour qui n'est spécialiste ni de Konrad Lorenz ni de Nikolaas Tinbergen. Néanmoins, il apparaît déjà de curieuses similitudes entre les expériences évoquées par Laborit et ce que nous observons dans notre vie politique.

Ne serait-ce que cette idée selon laquelle un cerveau sert à agir au moins autant qu'à penser.

Cette conception a été développée il n'y a pas si longtemps par la ministre de l'Économie, Christine Lagarde.

Le 10 juillet 2007, la ministre présente son projet de loi sur le travail à l'Assemblée nationale. À la tribune, elle clame haut et fort sa volonté de « rompre avec une tradition de mépris qui trouve sa source dans l'Ancien Régime ».

Dans la version écrite, cette phrase est dactylographiée en gras.

Le mépris auquel elle fait référence, dit-elle, remonte à l'époque où « les nobles avaient défense de s'adonner au commerce ». Il s'agit du mépris pour le travail et, plus largement, pour l'action. Du XIXe siècle, Lagarde ne cite d'ailleurs qu'un seul auteur, Paul Lafargue. Dans *Le droit à la paresse*, ce dernier prônait de ne travailler que trois heures par jour et, mieux, de passer son temps à « fainéanter et bombancer ».

Les rats fainéants !

Bien entendu, la ministre dénonce cette attitude oisive, comme si les Français s'y adonnaient à outrance. Plus tard, sur un ton de dénonciation, elle regrette : « La France est un pays qui pense. »

Cette phrase-là aussi est en gras.

La ministre poursuit : « Nous possédons dans nos bibliothèques de quoi discuter pour les siècles à venir. C'est pourquoi j'aimerais vous dire : assez pensé maintenant. Retroussons nos manches. »

Assez pensé !

Que les rats de bibliothèque se mettent au travail !

La nouveauté que promeut la ministre de l'Économie, c'est la fin de la lutte des classes. La bonne vieille lutte, à ranger définitivement dans les livres d'histoire, à reléguer aux oubliettes. Motif de cet enterrement : « Ce qui importe aujourd'hui, c'est de se battre pour s'imposer soi-même, et non pas de lutter contre les autres. »

On aura rarement entendu un tel appel à l'individualisme. Nous en comprenons peut-être mieux le sens, grâce à Laborit. S'il nous faut nous battre, c'est pour moins sentir la douleur du courant électrique sous nos pieds, autrement dit pour alléger le poids de notre existence. En tout cas, voici une interprétation positive de ses propos.

Le philosophe Luc Ferry approuve :

– *La problématique de la réussite sociale n'est pas négligeable, il ne faut pas être hypocrite*[1].

Je suis rassuré par tant d'honnêteté.

– *Mais ça n'empêche pas d'aller vers la vie bonne.*

Ça, nous le verrons plus tard.

En attendant de savoir s'il a réussi sa vie, Ferry peut déjà être certain d'avoir réussi dans la vie. Ancien éditorialiste pour plusieurs hebdomadaires, ex-président du Conseil national des programmes, il a fait partie de moult commissions. Auteur de livres de vulgarisation philosophique, il obtenait une forme de consécration en 2002 en étant nommé ministre de l'Éducation nationale du gouvernement de Jean-Pierre Raffarin.

Je lui demande quel sens il accorde à la réussite sociale.

– *De Bentham à Rawls, les philosophes utilitaristes accordent à l'estime de soi une importance cruciale. Privé d'estime de soi, en état de peur, on est coincé comme un Eskimo dans son igloo. On est jaloux des autres et incapable d'aimer autrui.*

Si je comprends bien, la réussite sociale est une échelle pour soi-même, à laquelle on se mesure mais aussi qui permet l'ascension en soi.

– *L'un des moyens de l'estime de soi, c'est la réussite sociale.*

Le psychologue Christophe André confirme :

– *Avoir de grosses bagnoles, de jolies filles, ça augmente bien entendu l'estime de soi*[2].

Je demande donc à Luc Ferry si avoir été ministre a, selon lui, favorisé sa confiance en lui.

---

1. Entretien avec l'auteur, 13 décembre 2007.
2. Entretien avec l'auteur, 20 novembre 2007.

– *Selon l'étymologie, « ministre », ça veut dire « petit serviteur ».*

Une manière intelligente d'éluder la question. Je la lui repose.

– Cette fonction a-t-elle favorisé votre estime de vous-même ?

– *On passe son existence entière à affronter des peurs. C'est une tâche essentielle de les surmonter.*

Ferry parle par métaphores. Il parle d'une traversée difficile en voilier, avec des creux très profonds dans la mer. Au pouvoir, Ferry a dû traverser des cyclones. Sur la tête, il a reçu un jour une averse de ses propres livres, lancés par des enseignants mécontents. Le navire n'a pas coulé, mais sacrément tangué.

D'avoir vécu tout cela, Ferry est profondément satisfait :

– *Ce voyage, je suis fou de joie de l'avoir fait, j'en suis sorti plus fort.*

À la tête du ministère, Luc Ferry a palpé à pleines paumes la consistance du pouvoir. Il se sent fort d'avoir discuté avec des chefs d'État.

Il s'est battu et, un moment, a oublié l'angoisse.

– *Vous avez la peur au ventre. Le lendemain de la tempête, vous êtes crevé, vous avez encore le tournis, mais vous êtes sur un nuage, capable de toutes les audaces.*

Laborit appelle cela une « action gratifiante ».

Le principal danger, c'est l'inhibition de l'action.

Quand on ne peut ni se faire plaisir, ni fuir, ni lutter, alors notre stress se retourne contre nous-mêmes, notre stress nous agresse au lieu de se porter vers l'extérieur, donc les conséquences pathologiques peuvent être graves.

Agir, réussir, cela sert tout simplement à se sentir bien avec soi-même.

Quand les rongeurs dépriment

> « La réussite n'est souvent qu'une revanche sur le bonheur. »
>
> Bernard Grasset
> *Remarques sur l'action*

À l'hôpital Sacré-Cœur de Montréal, l'équipe du professeur Guy Rousseau s'est adonnée à une expérience instructive. Les chercheurs ont proposé à des rats deux types d'eau : de l'eau normale et de l'eau sucrée. Parmi les rats en question, certains étaient en bonne santé, et les autres avaient été atteints d'un infarctus.

Ces derniers étaient « dépressifs ».

Le résultat ? Les rats bien portants ont bu plus d'eau sucrée que les autres. Or l'eau sucrée est une source de plaisir. Les « déprimés » n'avaient plus le même goût et ne ressentaient pas le même plaisir quand ils consommaient la boisson remplie de glucides.

Et si la réussite était l'eau sucrée de nos existences ?

Les Français ne sont pas les recordmen de la consommation de psychotropes pour rien.

Nous broyons du noir. La France déprime.

Un chroniqueur du *Monde*, Laurent Greilsamer, suggéra un jour d'instituer l'IMN, l'indice de morosité nationale[1]. Cet indice pourrait nous renseigner « sur notre état moral fatigué, flapi ». Dans « ce cher et vieux pays, l'on cultive la sinistrose en artistes ».

Cela aurait-il à voir avec nos conceptions de la réussite ?

On ne peut l'exclure.

Le 30 août 2007, Nicolas Sarkozy installe la Commission sur la libération de la croissance, présidée par Jacques Attali. Interrogé sur la raison de la présence d'un psychiatre, Boris Cyrulnik, au sein de la commission, Jacques Attali rétorque :

– *Un des principaux freins à la croissance française, c'est que la France n'est pas gaie, et un psychiatre peut mieux que personne nous expliquer pourquoi.*

Pourquoi donc ne l'est-elle pas ?

Selon le psychologue Christophe André, les écoles de psychologie concordent sur un point :

– *Nous avons besoin d'illusions positives sur l'existence. Si on la voyait telle qu'elle est, nous n'aurions pas envie de la vivre[2].*

Peut-être les Français pèchent-ils par excès de lucidité. À force de ne pas croire assez à l'intérêt de la réussite sociale, ils se privent d'un moyen de « fuite », pour reprendre une expression de Laborit. À croire ce dernier, l'action est essentielle ; si la fuite « n'est pas possible, c'est l'ensemble d'un organisme vivant qui va en souffrir, quelquefois jusqu'à entraîner la mort ». Le biologiste ajoute que cela « s'observe aussi bien chez le rat que chez l'homme, car le rat n'a pas la chance de pouvoir fuir dans l'imaginaire consolateur ou la psychose[3] ».

---

1. *Le Monde*, 4 décembre 2007.
2. Entretien avec l'auteur, 20 novembre 2007.
3. Henri Laborit, *Éloge de la fuite*, Robert Laffont, 1976.

Lutter contre la morosité ambiante, un Premier ministre, Jean-Pierre Raffarin, s'y est essayé entre 2002 et 2005. Sénateur, l'ancien chef du gouvernement revient sur sa stratégie dans son vaste bureau du palais du Luxembourg. Avec son physique digne de la IVᵉ République, il prononce des formules comme les paraboles d'un curé. L'ancien chef du gouvernement est justement l'auteur de mémorables lapalissades sentencieuses, baptisées « raffarinades ». On se souvient entre autres de la fameuse « la pente est forte mais la route est droite ».

Il aime à se définir comme un « gestionnaire des énergies ». Un objectif le taraude :

– *L'amélioration et la mobilisation de la pâte humaine*[1].

Il ne parle pas d'homme nouveau, ou de Français nouveau, mais bon. Comment, au pouvoir, a-t-il tenté de parvenir à ses fins ?

– *Je me suis beaucoup appuyé sur la pensée positive.*

Lors de l'arbre de Noël 2004 de Matignon, Lorie, une juvénile vedette des cours de récréation, était venue chanter dans les murs du palais de la République. Devant l'assistance, au milieu de laquelle se trouvait Raffarin *himself*, elle entonnait sa chanson à succès, *Positive attitude*. Au plus bas dans les sondages à l'époque, Raffarin apprécia les paroles :

La positive attitude, la tête haute
Les yeux rivés sur le temps
Et j'apprends à regarder droit devant.

Le 20 janvier suivant, dans un discours, Raffarin surprenait en recommandant « la positive attitude ». Le 8 février, pour ne pas se répéter, il mettait en

---

1. Entretien avec l'auteur, 6 décembre 2007.

garde contre la « négative attitude ». Un refrain pour terrasser le monstre de la sinistrose. Raffarin citait aussi René Char : « Ne prenez pas la vie par les épines. »

Le rêve de « l'homme aux rats »

> « Rastignac alla jeter ses lettres à la poste.
> Il hésita jusqu'au dernier moment, mais il les
> lança dans la boîte en disant : "Je réussirai !"
> Le mot du joueur, du grand capitaine, mot
> fataliste qui perd plus d'hommes qu'il n'en
> sauve. »
>
> Honoré de Balzac
> *Le Père Goriot*

Il fut une époque où l'énergie était une vertu française.
Dans sa préface de 1869 à son *Histoire de France,* Jules
Michelet évoque la part essentielle de la « force vive »
dans le progrès humain. À partir de « matériaux pré-
existants », l'homme « crée des choses absolument nouvelles ».

Ainsi se fait l'âme de la France.

C'est Michelet qui, à propos des « temps nouveaux »,
c'est-à-dire après la Révolution, employa le premier la
formule : « Tout devient possible. »

Au début du XXᵉ siècle, l'énergie reste un thème prisé
par les élites. À droite, il y a bien entendu les tenants de
l'énergie nationale. Mais en 1907, dans *L'évolution créa-
trice,* le célèbre philosophe Henri Bergson prône aussi
une doctrine de l'intensité.

Aujourd'hui, la France semble privée de la vitalité qui a fait sa puissance. Dans la compétition mondiale, tous le disent, nous ne nous battons pas assez.

Nous sommes essoufflés.

Les médias renvoient l'image d'un pays émollient, presque apathique. Les Français seraient « énervés », au sens étymologique, au sens où Mallarmé employait le terme : *privés de nerfs.*

Sommes-nous condamnés à l'immobilisme ?

Non.

En septembre 2006, le candidat Sarkozy confie aux journalistes : « Il faut rendre son énergie à un pays qui n'en a plus. » Dans son discours d'Angers, lors de la campagne électorale, il crie : « Je veux parler pour celui qui pense qu'il n'a pas d'énergie en lui. »

À la tribune, il énonce : « J'ai compris qu'en chacun de nous, il y avait une ressource inépuisable d'énergie pour peu que l'on sache la solliciter. »

La méthode Coué ?

On n'en parle que pour railler les illuminés, les crédules, ou les abrutis. Pourtant, par ses discours, Sarkozy essaie bien de propager la méthode à l'échelle d'un pays.

Pour que nous soyons plus vifs.

L'apothicaire Émile Coué, né à Troyes en 1857 et mort à Nancy soixante-neuf ans plus tard, publia un seul livre, *La maîtrise de soi-même par l'autosuggestion consciente.* Bénéficiant d'un prestige international, il avait même été reçu aux États-Unis par le président Calvin Coolidge. Coué considérait que, chaque soir et chaque matin, nous devions nous répéter plusieurs fois : « Tous les jours, à tous points de vue, je vais de mieux en mieux. »

Sarkozy nous intime d'une certaine manière de l'imiter. Il lance un appel permanent au dépassement, à la réussite sociale. Aime-t-il la course des rats ?

Dans un livre très polémique[1], un professeur de l'École normale supérieure, Alain Badiou, proposait d'appeler l'actuel président de la République l'« homme aux rats ».

Pour Badiou, l'homme aux rats, c'est l'homme pressé, incapable d'attendre. Ce sont « les gens de la finance et de la puissance ». Et c'est nous qui, comme dans la légende du joueur de flûte de Hamelin, serions tous des rats attirés par la petite musique de Sarkozy, par ses mélodies sur le thème « nous devons réussir de toute urgence ».

Le très marxiste professeur a emprunté l'expression au père de la psychanalyse. « L'homme aux rats » était le sobriquet dont Freud avait affublé l'un de ses patients atteint de névrose obsessionnelle.

Provocation gratuite ?

Spécialiste du comportement social des animaux, Didier Desor est chercheur au laboratoire de biologie du comportement et de psychologie de l'université de Nancy. Avec l'un de ses collègues, il a eu l'idée d'une expérience originale. Près d'une cage où vivaient des rats, et dans laquelle rien à manger n'était disponible, il a installé un distributeur de nourriture. Pour accéder aux aliments, les rongeurs devaient passer par une porte, une rampe d'accès, un tunnel et une sorte de bassin. La porte n'était ouverte que trois heures par jour. De jour en jour, les chercheurs ont rempli le bassin d'eau, de sorte que bientôt, aux heures d'ouverture de la porte, les rats ne pouvaient plus aller chercher leur nourriture sans avoir à nager sous l'eau[2].

Aucun rat n'est mort de faim, même si tous n'ont pas eu le courage de faire trempette. En effet, certains rats,

---

1. Alain Badiou, *De quoi Sarkozy est-il le nom ?*, *Circonstances*, 4, Nouvelles Éditions Ligne, 2007.
2. Didier Desor, *Le comportement social des animaux*, Presses universitaires de Grenoble, 1999.

que le chercheur appela « transporteurs », se chargèrent de la tâche. Ils s'engouffraient dans le tunnel, traversaient l'eau, rapportaient la nourriture car ils ne pouvaient la consommer près du distributeur.

Là, que se passait-il ?

Les autres rats, les non-transporteurs, à peu près la moitié de l'effectif total, arrachaient violemment des parts de nourriture à leurs congénères et, sans s'être donné le mal d'être allés quérir leur pitance, se sustentaient. L'expérience prouva que les rats connaissaient très bien leurs rôles sociaux respectifs.

Didier Desor voulut alors comprendre si des rats appartenaient naturellement à l'une ou l'autre des catégories.

Il réédita l'expérience en installant dans une cage seulement des rats transporteurs, et dans l'autre seulement des rats non transporteurs. En fait, les colonies de rongeurs reproduisirent la même organisation sociale. Dans les deux cas réapparurent des rats qui plongeaient et d'autres qui attendaient pour chiper les aliments rapportés.

Tout de même, s'interrogea le chercheur nancéen, à quoi pouvait bien correspondre le « statut » de tel ou tel rat ?

Il apparut que les transporteurs étaient, dans un groupe social donné, ceux qui avaient la plus grande capacité motrice et la vitesse de résolution des conflits la plus rapide.

Dans son *Encyclopédie du savoir relatif et absolu*[1], l'écrivain Bernard Werber fait référence aux expériences de Didier Desor. Il raconte que les savants de Nancy ont ensuite ouvert les crânes, et analysé les cerveaux. « Les

---

1. Bernard Werber, *Encyclopédie du savoir relatif et absolu*, Albin Michel, 2000.

plus stressés n'étaient ni les souffre-douleur, ni les exploités, mais les exploiteurs. Ils devaient affreusement craindre de perdre leur statut privilégié et d'être obligés d'aller un jour au travail. »

Cette expérience prouve que le bien-être n'est pas toujours où l'on croit.

6

COMMENT RÉUSSIR SA VIE ?

Nous qui courons mais qui ne réussissons pas à dépasser tout le monde d'une ou de plusieurs têtes dans cette course animée qu'est la vie sociale, comment devons-nous procéder pour conserver le plaisir de courir, sans encourir trop d'accidents, de crampes, d'épuisement à l'arrivée ? Quel plan de course pouvons-nous suivre ?

La « tristesse du roi »

« Le grand orateur du monde, c'est le succès. »

Napoléon Ier

À ses patients, ces gens qui ont réussi mais qui se sentent mal dans leur peau, le psychologue Christophe André explique les effets.

« Un jour, vous aurez la tristesse du roi », leur dit-il. La tristesse du roi, c'est le spleen de celui qui a tout.

– L'expression fait référence aux coups de blues du roi Saül dans la Bible[1]*.*

Le futur roi David, celui de David et Goliath, jouait de la harpe pour atténuer la mélancolie du roi Saül. En 1952, Henri Matisse a peint un autoportrait, *La tristesse du roi*, en s'inspirant d'un tableau de Rembrandt, *David jouant de la harpe devant Saül*. Pour éviter cette tristesse-là, Matisse disait : « Il faut regarder toute la vie avec des yeux d'enfant. » Car les pathologies de la réussite menacent l'être au plus profond. Tout succès peut s'avérer toxique, mettre en danger. Christophe André observe :

---

1. Entretien avec l'auteur, 20 novembre 2007.

– J'ai constaté chez mes patients la perte du feed-back. *Plus vous réussissez, moins il y a de sincérité autour de vous, moins il y a de messages susceptibles de vous donner des informations pertinentes à votre propos.*

L'équilibre mental repose sur la répression des instincts, comme la violence ou les pulsions sexuelles. Certaines réussites font exploser ces digues internes. Sous les crânes, des tempêtes déferlent.

– Certains de vos patients ont-ils envie d'arrêter ?

– J'en vois beaucoup de lucides, mais peu qui décrochent.

Décrocher de la drogue de l'avancement social semble relever de la gageure. Pire encore : il est étrange de constater la pérennité du caractère envieux de personnes n'ayant pourtant plus rien à se prouver.

– Il est très mystérieux pour moi de constater que les réussites ne pacifient pas les émotions négatives.

– Que conseillez-vous à vos patients ?

– Je tente de leur expliquer comment garder le contrôle sur ce qui nous semble représenter la réussite.

Comment être lucide sur soi ? André considère qu'il nous faut comprendre que ni nos réussites ni nos échecs ne nous apprennent grand-chose sur nous.

– Plus on monte dans la pyramide sociale, plus on devrait respecter une hygiène psychologique intense, avec une musculation de l'humilité et de la gratitude.

Pour progresser, il est indispensable de se rappeler ce que notre réussite doit aux autres. À ses patients, Christophe André suggère la lecture des *Pensées pour moi-même* de Marc Aurèle, qui remontent au IIe siècle après Jésus-Christ. Féru de stoïcisme, l'empereur romain commence son recueil par des exercices de gratitude.

Il remercie son grand-père, son précepteur, Apollonius, et bien entendu les dieux.

Sa mère lui a légué « la simplicité du régime de vie, et l'aversion pour le train d'existence que mènent les riches ».

La « tristesse du roi »

Son père lui a inspiré « l'indifférence pour la vaine gloire que donne ce qui passe pour être des honneurs ».

Marc Aurèle entendait développer une harmonie du *pneuma*, le souffle chaud qui traverse l'homme. Il cherchait l'équilibre entre le « génie intérieur » de l'homme et la nature. Pour atteindre l'ataraxie, la sérénité, la conscience de sa propre finitude est essentielle. Comme disait Marc Aurèle : « Souviens-toi de la matière universelle dont tu es une si mince partie ; de la durée sans fin dont il t'a été assigné un moment si court, et comme un point ; enfin de la destinée dont tu es une part et quelle part ! »

– *Deux millénaires après, la philosophie antique continue à parler aux patients,* explique Christophe André.

Pour guérir les maux de ceux qui ont cru pénétrer dans le paradis sur terre et n'ont découvert au mieux qu'un purgatoire, André conseille aussi de s'inspirer du *Manuel* d'Épictète et de *De la brièveté de la vie* de Sénèque.

Nos maîtres, dirigeants, ministres, patrons, ne lisent pas assez.

Tout n'est que vanité

« Une carrière réussie est une chose merveilleuse, mais on ne peut pas se pelotonner contre elle, la nuit, quand on a froid l'hiver. »

Marilyn Monroe

Les versets de l'Ancien Testament nous imprègnent.

Lisons l'évangile selon saint Luc (6, 17,20-26) : « Regardant alors ses disciples, Jésus dit : "Heureux, vous les pauvres : le royaume de Dieu est à vous."

Jésus ajoute : "Mais malheureux vous les riches : vous avez votre consolation. Malheureux, vous qui êtes repus maintenant, vous aurez faim !" »

Pour les catholiques, inconcevable de « choisir pour tâche, pour but unique d'une vie » de « descendre dans la tombe chargé d'or et de richesse ». Sauf à être pourvu d'un instinct pervers : l'*auri sacra fames*. Autrement dit : l'exécrable faim d'or !

La question fondamentale de ce livre, « à quoi sert de réussir ? », est posée dès le prologue de l'Ecclésiaste : « Quel profit trouve l'homme à toute la peine qu'il prend sous le soleil ? »

Fils de David, roi à Jérusalem, Qohélet énonce qu'il n'y a jamais rien de nouveau sous le soleil, tout est recherche de vent. Même de la joie, le narrateur se dit : « À quoi sert-elle ? »

Qohélet n'a pas ménagé sa peine. Il a planté des arbres fruitiers et des vignes. Pour arroser ses plantations, il a construit des citernes. Des domestiques, des servantes, des esclaves, et même du bétail, ont travaillé pour lui. Il a amassé des trésors, de l'argent et de l'or. À la fin, que dit-il ? « Je déteste le travail pour lequel j'ai pris de la peine sous le soleil. »

Rien ne lui a été d'aucun profit : « Qui aime l'argent ne se rassasie pas d'argent, qui aime l'abondance n'a pas de revenu. »

D'être resté sage, d'avoir été conscient, ne change rien pour Qohélet. Car le sage meurt en même temps que l'insensé.

Vanité des vanités, tout est vanité.

À quoi riment nos efforts, nos énergies dépensées, nos heures sacrifiées à la tâche ? Au fond, à presque rien. Si Qohélet n'est pas dans le vrai, il n'en est pas loin.

Même de Gaulle, le parangon de l'énergie nationale, semblait se ranger à cet avis. Après sa démission en avril 1969, à Dublin, l'ancien chef de l'État dédicace un exemplaire de ses *Mémoires de guerre* à l'ambassadeur de France en Irlande. Le général écrit deux citations. La première est de Nietzsche, dans *Ainsi parlait Zarathoustra* : « Rien ne vaut rien, il ne se passe rien et cependant tout arrive mais cela est indifférent. » La deuxième est un proverbe du Moyen Âge : « Celui qui a beaucoup souffert a beaucoup appris. »

C'est tout.

Tout est vanité.

En conclusion de ses *Mémoires de guerre*, de Gaulle se décrira ainsi : « Vieil homme, recru d'épreuves, détaché des entreprises, sentant venir le froid éternel, mais jamais las de guetter dans l'ombre la lueur de l'espérance ! »

Détaché, vraiment ?

L'avantage de l'oiseau et du lys

> « Les affaires passent avant tout. Sont dans
> la vie ce qu'il y a de plus important. Tout est
> là. »
>
> Gustave Flaubert
> *Dictionnaire des idées reçues*

On a coutume de considérer que les protestants
accordent plus d'importance que les catholiques aux
biens de ce monde. Est-ce exact ? Un livre est pour beaucoup dans cette image d'Épinal. En 1904, dans *L'éthique
protestante et l'esprit du capitalisme,* le sociologue allemand
Max Weber observait une corrélation entre l'opulence
et la morale évangélique. Dans les sociétés luthériennes,
expliquait-il, la logique corporatiste du *Beruf* impose de
se saisir à bras-le-corps du travail devant nous, comme
une vocation, comme s'il nous était confié par Dieu.

Olivier Abel est un philosophe protestant. Il enseigne
dans plusieurs institutions parisiennes. Pour lui, la question essentielle posée par Weber est la suivante : « Pourquoi les protestants ont-ils été des activistes de la
prospérité ? » Parce que c'est une manière de chercher
le salut et de remercier Dieu, sans doute.

— *Chez les catholiques, le bon et le bien ne surviennent qu'au
bout d'un long processus couronné par la sainteté. Chez les*

protestants, la pyramide est inversée. Tout commence par la grâce. Si on écoute la prédication de la grâce, la vie doit être placée sous le signe de la gratitude[1].

C'est le sens de la parabole des talents. Celui qui reçoit tout comme un don a la faculté d'en faire quelque chose. Le succès réside dans la faculté de recevoir et de donner. D'où la propension des évangéliques anglo-saxons à toujours dire merci à la vie, merci, et encore merci. C'est l'attitude « all that's jazz », tout est jazz. En même temps, le protestantisme n'est pas tout entier positif.

– Il y a un perfectionnisme protestant parfois agaçant, qui crée une nervosité, explique Abel. *Cette exigence est la même que celle de l'artiste qui essaie de peindre la montagne Sainte-Victoire, ou une pomme, et qui pense toujours qu'il peut aller plus loin.*

L'ambition dans son sens le plus noble, le plus élevé.

– Dans le perfectionnisme, il y a l'idée qu'on n'a jamais fini de se former et qu'on doit devenir adulte. Calvin dénonce l'esprit enfantin. Arriver à l'âge adulte, c'est pouvoir dire merci à ses parents, assumer qu'on a été enfant.

Et retrouver, du même coup, une forme d'innocence.

Au XIXe siècle, l'écrivain danois Sören Kierkegaard dit parfois : « Soyons comme les fleurs des champs. » À la même époque, l'essayiste américain Ralph Waldo Emerson fait l'apologie de la docilité. Ensemble, ils appellent à ne plus se comparer.

– L'avantage de l'oiseau et du lys, c'est qu'ils ne se parlent pas et ne sont pas dans une forme de compétition.

Le coup de grâce : suspendre la comparaison et jusqu'à l'idée du mérite.

« Je ne mérite pas mon existence, elle est un cadeau », voilà l'idée fondamentale.

---

1. Entretien avec l'auteur, 10 janvier 2008.

L'avantage de l'oiseau et du lys

– *Martin Luther était un moine obsédé par la culpabilité, grand lecteur de saint Augustin. Les tableaux de Jérôme Bosch permettent de se faire une idée de ses conceptions. Au fil des siècles, l'angoisse de la damnation a été supplantée par l'angoisse de l'absurde.*

Si seule importe la grâce de Dieu, alors rien de ce que je fais n'a d'importance. La grâce est donc un trou noir. Pour ne pas tomber dans le trou noir, je multiplie donc les œuvres et les actions.

Où trouver, alors, le salut ? Un jour, Olivier Abel a posé la question à Jacques Ellul. Ce dernier lui a répondu :

– *Le salut n'est pas du tout mon souci.*

La grâce réside dans l'insouciance du salut, dans l'indifférence à son propre sort, bref sortir d'un état de tension, ne plus être tendu comme la corde de l'arc par le doigt de l'archer, mais être comme la flèche qui se laisse porter.

Les histoires du rabbin

« Impose ta chance, serre ton bonheur, va vers ton risque, à te regarder ils s'habitue-ront. »

René Char
Les matinaux

Le rabbin Haïm Korsia a lui aussi plus qu'une petite idée sur la question de la réussite sociale. Ancien rabbin de Reims, aujourd'hui aumônier israélite de l'armée de l'air et de l'armée française, cet homme d'un peu plus de quarante ans ne fait pas semblant de dédaigner les valeurs matérielles. Au-dessus de sa barbe, il arbore même un regard coquin et se montre un brin provoca-teur. Au début de la conversation, il est capable de sortir de sa poche un téléphone portable, un i-Phone, avant même sa sortie en France, et de susurrer, amusé : « C'est ça la réussite ! »

De l'intérieur du café où nous parlons, face au pont Mirabeau sous lequel coule la Seine, Haïm Korsia dési-gne sa voiture de fonction, garée sur le trottoir.

– Je roule dans une Xsara pourrie. Ça ne fait rêver personne. Je préfère d'ailleurs ma Mini Austin personnelle. Mais pour le mec qui a une Rolls et qui rêve d'une Bugatti Veyron, sa Rolls

est moins bien que ma Xsara. Car elle ne le comble pas. Alors que ma Xsara me suffit[1].

Le rabbin Haïm Korsia, dont l'esprit tourne plus vite que le moteur de sa voiture, ne prend pas de mines ni de postures pour parler de nos vies de tous les jours. Il cite les marques, les modèles, les prix. Mais, en bon religieux, il parle aussi par paraboles et par citations des textes sacrés. Le cœur de sa pensée, explique-t-il, réside au paragraphe 53a du *kala rabati*, un traité qui prolonge les enseignements du Talmud. Ce texte impose de préférer le possible au certain : « Préfère ce qui est peut-être, déteste ce qui est béni. »

Aime ce qui sera plutôt que ce qui est déjà.

Ne te résigne pas.

Développe ton potentiel.

L'inverse, l'inverse exact, du proverbe de nos enfances : « Un tiens veut mieux que deux tu l'auras. »

Le rabbin cite un extrait du Talmud, un paragraphe sur l'*avoda zara*, l'idolâtrie. C'est l'histoire de deux rabbins en train de discuter au croisement d'une route. Ils comparent deux chemins possibles. L'un des sentiers passe devant une maison de prostitution, l'autre devant une maison d'idolâtrie. Le premier rabbin propose : « Passons devant la maison d'idolâtrie, c'est moins risqué. » L'autre lui répond : « Non. » La tentation sera certes plus grande d'entrer dans la maison de prostitution que dans celle d'idolâtrie, mais la récompense n'en sera que plus grande si les rabbins parviennent à passer devant sans encombre.

— *J'en conclus que, si on ne prend pas le risque de grandes ambitions, on ne pourra jamais réussir sa vie*, résume Korsia.

L'érudit raconte maintenant l'histoire d'un rabbin face à un homme immensément riche. Pour impression-

---

1. Entretien avec l'auteur, 29 octobre 2007.

ner le religieux, l'autre invoque la sobriété de son mode de vie : « Je vis de pain et d'eau. » Plutôt que de féliciter son interlocuteur pour cette modestie, le rabbin l'enguirlande : « Vous devriez faire en sorte que les pauvres en aient autant que vous, pas l'inverse. » Bref, l'argent n'est ni sale ni honteux. Selon Korsia, il est un médiateur de violence, un arbitre entre les volontés des gens.

– *L'argent est la récompense du travail des hommes et de la bénédiction de Dieu.*

J'interroge à nouveau l'homme de foi :

– L'action n'empêche-t-elle pas la contemplation ?

– *Comment pouvez-vous opposer l'une à l'autre ? Les distinguer, c'est un drame. La grande règle est de penser comme un homme d'action et d'agir comme un homme de réflexion.*

Le rabbin, pas sectaire, cite cette phrase de saint Bernard de Clairvaux : « La plus belle de vos prières sera l'œuvre de vos mains. »

Il la traduit à sa manière :

– *On ferait mieux de se mettre à créer au lieu de prier sans cesse.*

As-tu fait sourdre l'eau ?

« Jouis, et souviens-toi qu'on ne vit qu'une fois. »

André Chénier
Le rat de ville et le rat des champs

Chaque dimanche matin, dans le cadre des *Chemins de la foi*, Khaled Bencheikh présente l'émission *Islam* sur France 2.

Son père fut le recteur de la mosquée de Paris et son frère grand mufti de Marseille, mais Bencheikh, professeur de physique, nourrit des sentiments laïcs sans faille. Président de la section française de la Conférence mondiale des religions pour la paix, cet intellectuel reçoit dans les modestes bureaux de l'association. Il prend soin d'annoncer qu'il parle en son nom propre, pas au nom de l'islam. Par précaution, il précise aussi que l'herméneutique coranique moderne impose de considérer la révélation *in globo,* et de ne pas s'attarder sur des sens parcellaires. De forme étoilée, en entrelacs, en arabesques, la texture du Coran dissuade toute vision simpliste.

Dès ses premiers mots, Bencheikh cite l'injonction coranique : « Dans ce que Dieu t'a donné désire l'au-delà, mais n'oublie pas ta part ici-bas. »

Elle signifie ceci : les musulmans ne doivent pas s'attarder sur les aspects éphémères de l'existence, mais ne doivent pas oublier pour autant la vie terrestre.

L'enseignement prophétique des hadiths suggère également un savant équilibre entre l'éternel et le temporel : « Œuvre pour ta vie ici-bas comme si tu devais vivre éternellement et œuvre pour l'au-delà comme si tu devais mourir demain. »

Bencheikh entend un appel au détachement, à un détachement actif :

– À quatre-vingts ans, on doit continuer à planter des arbres, diriger des entreprises, enseigner. Mais en même temps avoir à l'esprit qu'on peut laisser tomber tout ça incessamment[1].

À quoi rime cette contradiction ?

– Il faut se sentir possédé et non pas possesseur.

Accumuler des richesses, thésauriser, oui, à condition de ne jamais croire que nous les possédons, à condition de conserver le recul, par souci d'apaisement de l'esprit et, au final, d'ataraxie. Cette ataraxie n'a rien à voir avec l'oisiveté du mendiant. Mais il nous revient de savoir que nous sommes aussi nus en quittant ce monde qu'en naissant.

Le Coran n'impose pas de sentiment de culpabilité ni de gêne à celui qui s'enrichit. Le Coran ne réfrène pas la volonté des hommes. Le premier calife, Abou Bakr, était richissime, cela ne l'empêche pas d'être considéré comme saint.

Mais il réprouve la réussite ostentatoire.

Lors du pèlerinage, les fidèles doivent s'habiller de deux étoffes, deux draps non cousus, pratiques pour la prière à genoux, mais qui ont également le mérite de gommer les distinctions sociales. Le jour de l'Aïd el-Kebir, le lendemain du point culminant du pèlerinage,

---

1. Entretien avec l'auteur, 9 janvier 2008.

la hiérarchisation factice liée à l'aspect du vêtement et de l'apparat est abolie.

– En temps normal, il y a ceux qui s'habillent chez Hugo Boss et Yves Saint Laurent, et ceux qui ne le peuvent pas. Ce jour-là, en revanche, on ne peut plus distinguer le patricien du plébéien, l'aristocrate du roturier.

Pour le musulman, la fortune n'est pas interdite, mais constitue comme une épreuve, un examen, un test.

– Qu'as-tu fait de ce que tu as acquis ? As-tu fait sourdre l'eau, cultivé des champs, édifié des écoles et des hôpitaux ?

L'aisance oblige.

Elle impose des devoirs.

Un verset du Coran précise les écueils à éviter : « L'homme devient despotique dès lors qu'il s'enrichit. »

Avec l'argent, l'arrogance le guette.

Le Prophète lui-même a connu tous les états de fortune. Né orphelin de père, Mahomet a perdu sa mère à l'âge de six ans et peu après son grand-père qui l'élevait mourut à son tour. C'est son oncle, Abou Talib, un berger pauvre, qui le recueillit. Mahomet a vingt-cinq ans quand il fait la connaissance d'une riche veuve, Khadija, qui lui demande de s'occuper de son négoce et de ses caravanes. Bientôt le Prophète s'enrichit, et Khadija lui propose le mariage. La sourate de l'ouverture rappelle au Prophète qu'il fut pauvre et lui enjoint de ne pas repousser le mendiant.

L'année de la tristesse et du chagrin, après un quart de siècle de vie commune, Khadija décède sans avoir laissé de descendance mâle. Alors Mahomet décide de renoncer à tout ce qu'elle lui a laissé et préfère une pauvreté volontaire, mais dont il ne tient pas à faire un exemple à suivre.

En conclusion, Bencheikh évoque l'effort qu'Allah attend de ses fidèles.

L'effort, c'est le djihad.

À ne pas confondre avec la guerre sainte. Il y a le petit djihad, l'effort mineur, consistant à déborder d'énergie, travailler, bûcher, guerroyer. Et il y a le grand djihad, l'effort majeur, salvateur, contre ses mauvais penchants, l'hypertrophie de son ego. Cet effort consiste à maîtriser ses plaisirs et à juguler ses passions. Au final, Bencheikh considère que ces valeurs coraniques sont proches des conceptions grecques de l'Antiquité, à propos de la « vie bonne », la vie réussie mais pas simplement d'un point de vue matériel.

Comme disent les musulmans, « le Prophète a endetté sa cotte de mailles ». À la fin de sa vie en effet, Mahomet a dû la mettre en gage pour pouvoir s'acheter des dattes et du lait.

Le traité de savoir-vivre

> « On croit d'abord qu'on travaille pour
> soi ; on se figure ensuite qu'on travaille pour
> sa femme – on est persuadé plus tard qu'on
> travaille pour ses enfants ; on s'aperçoit en
> fin de compte que, pendant tout le temps,
> on a travaillé *pour travailler.* »
>
> Auguste Detœuf
> *Propos de O. L. Barenton, confiseur*

En 1967, Raoul Vaneigem publiait son *Traité de savoir-vivre à l'usage des jeunes générations.* Il allait devenir l'une des références de Mai 68. Sur les valeurs matérielles, il n'a pas changé d'avis. Il considère toujours que « la quête de l'argent est pour chacun comme la course d'un tueur fou ». En 2003, il précise sa pensée dans *Le Monde* : « Il faut en finir avec le gâtisme affairiste qui identifie la jeunesse à la frénésie rentable et consommable[1]. » Il poursuit : « La prééminence absolue accordée à l'argent a précipité la débâcle des valeurs traditionnelles et effacé peu à peu les repères sur lesquels les sociétés se guidaient depuis des millénaires. »

---

1. *Le Monde*, 12 septembre 2003.

Bonne ou mauvaise chose ?

« Ce serait une belle table rase si l'affairisme n'avait propagé un nihilisme où tout est permis, sauf la vie. »

Que faire ?

« Réinventer une carte du Tendre où le désir de jouir des êtres et des choses se fraie un chemin en restaurant et en affinant des plaisirs trop longtemps traités comme des rebuts. »

L'homme est devenu, selon le sociologue Marcel Mauss, auteur de l'*Essai sur le don,* une « machine à calculer ». À force de calculs, on traite autrui comme un moyen plutôt que comme une fin.

Entreprise de soi-même, « l'homme devient un calculateur sur le plan de la représentation morale et politique comme il est invité à le devenir de plus en plus dans son comportement affectif[1] ».

Le problème, c'est que dans ce que Marx appelait « les eaux glacées du calcul égoïste », on est frigorifié.

En 1976, l'économiste Tibor Scitovsky publiait *L'économie sans joie.* Cet Américain d'origine hongroise expliquait que l'ennui inhibe souvent le bonheur des gens qui ont tout. Scitovsky prônait de consacrer son argent à des bienfaits auxquels on ne s'adapte pas, c'est-à-dire auxquels on ne finit pas par s'habituer. Par exemple, si j'acquiers une voiture de luxe, mon plaisir va décroître avec le temps. Je vais m'habituer à ma voiture et bientôt je n'aurai du plaisir que si j'en ai une plus grosse.

En 1990, deux philosophes publient un article retentissant dans la revue *Le Débat.* Sous le titre « De la servitude volontaire », en référence à La Boétie, ils décrivent l'aliénation de ces individus pour qui le travail devient « l'activité essentielle et dévorante ».

---

1. Christian Laval, *L'homme économique,* Gallimard, 2007.

Dans une société sans idéaux, le travail devient une fin en soi.

À force de s'être libéré de beaucoup de contraintes, l'homme n'est plus traversé par rien, sinon par l'élan qu'il se donne à lui-même. Le mouvement perpétuel sans repos, la mobilisation ininterrompue des énergies, l'impératif de dépassement, sont tels que ne compte toujours que ce qui reste à faire. C'est ce que prétendent les deux philosophes : « On n'a jamais, à strictement parler, "réussi" ; on a, au mieux, franchi des étapes et celui qui se satisferait du chemin parcouru reconnaîtrait par là son impuissance à mieux faire et sa faillite[1]. »

Le bourgeois, fier et établi, n'est plus. On en veut plus, toujours plus.

Dix-sept ans avant l'accession de Sarkozy à l'Élysée, on croirait que les deux philosophes font déjà le portrait de l'actuel président : « Du lever au coucher, l'homme moderne ne connaît qu'un mode d'être, celui du travail, non plus entendu au sens étroit d'activité productive, mais, plus largement, comme déploiement de puissance, maîtrise du monde et plus fondamentalement de soi. L'homme moderne ne jouit pas de son repos et ne peut s'arrêter d'agir sans en souffrir. Il s'ennuie alors, se juge vain, inconsistant. »

---

1. Anne Godignon et Jean-Louis Thiriet, « De la servitude volontaire », *Le Débat*, n° 59, mars-avril 1990.

La terrible illusion de la richesse

> « Je n'accuse pas les riches en faveur du peuple : l'homme est le même en haut, en bas, au milieu. »
>
> Honoré de Balzac
> *Le Père Goriot*

Nous ne voulons pas rater notre vie, c'est normal. Et si nous ne réussissons pas dans la vie, nous nous disons parfois que nous ne la réussirons pas tout à fait. Le problème, c'est que nous sommes comme pris au piège. Quelle que soit notre place au classement général de la course des rats, nous savons que ce classement n'est que temporaire, que demain nous pouvons être dépassés par d'autres, et que peut-être nous avons une chance d'en doubler d'autres encore.

Dans tous les cas, le classement n'est jamais définif. Sauf dans la tombe, mais là tout le monde est *ex æquo*.

Dans *De la démocratie en Amérique,* Tocqueville décrivait déjà les affres de la population, partagée entre pauvres, frustrés de n'être pas riches, et riches, inquiets de l'être moins : « L'envie d'acquérir le bien-être se présente à l'imagination du pauvre, et la crainte de le perdre à l'esprit du riche. »

Bref, les rats ne sont jamais *satisfaits*.

Cette constatation s'applique aux humains.

« Seriez-vous plus heureux si vous étiez plus riche ? » Un professeur éminent formula scientifiquement l'interrogation. En 2002, Daniel Kahneman reçut le prix Nobel d'économie. En 2006, avec quatre collègues de l'université Princeton dans le New Jersey, il publiait une étude intitulée *A focusing illusion.*

Une illusion d'optique.

Comme un mathématicien démontrant le théorème de Fermat, Kahneman a établi la véracité du proverbe « l'argent ne fait pas le bonheur ». Il ne fait pas le bonheur, mais fait le malheur des pauvres.

On pose la question « êtes-vous très heureux ? » à des gens très riches, gagnant plus de 90 000 dollars par an, par ailleurs à des gens bien moins dotés, avec moins de 20 000 dollars par an. Il apparaît que les opulents répondent deux fois plus souvent être « très heureux » que les défavorisés. C'est normal, dira-t-on. Mais à partir de 50 000 dollars de revenu par an, les réponses sont identiques, la fortune n'a plus aucune influence sur l'état d'esprit. Un dollar de plus n'apporte pas une once de bonheur supplémentaire.

Comparons maintenant entre les pays riches et les pauvres.

En 2007, un psychologue de l'université de Leicester établit la première « carte mondiale du bonheur ». Adrian White se fonde entre autres sur des données de l'Unesco, de la CIA et de la New Economics Foundation. En tout, il a compilé plus d'une centaine d'études, fondées sur 80 000 témoignages. Ses premières observations ne constituent pas une surprise. Les gens sont plus souvent satisfaits s'ils vivent dans des contrées opulentes et d'un haut niveau sanitaire.

La carte mondiale du bonheur réserve pourtant des surprises. Le Bhoutan arrive 8ᵉ, après le Danemark, la Suisse et l'Autriche, mais avant les États-Unis, à la

23ᵉ place, et la France à la 62ᵉ. Quel est le mystère du Bhoutan, ce petit morceau d'Himalaya ? Dans ce pays miséreux, le revenu annuel moyen par habitant est inférieur à 1 000 euros. En 1998, le monarque Jigme Singye Wangchuck avait décidé que son objectif premier ne consistait pas à rendre les gens plus riches, mais plus heureux. Ainsi, en plus du produit intérieur brut et de l'indice de développement humain, a-t-il décidé de créer un autre indice, le « bonheur national brut ».

Il est vrai que c'est peut-être plus facile dans des contrées où la pratique fervente du bouddhisme est la chose la mieux partagée.

Depuis 2007, de très sérieuses organisations internationales ont organisé des colloques sur la mesure du bonheur. Pour expliquer cette nouvelle mode, le chef des statistiques de l'OCDE, Enrico Giovannini, déclarait : « Le produit intérieur brut ne fait pas le bonheur. »

Un propos qui remet en cause la religion de la croissance.

Il précisait : « Au-delà d'un certain revenu, le niveau de richesse ne joue plus et les personnes se tournent vers l'immatériel. On s'aperçoit ainsi que l'inflation, la densité de population et la quantité d'heures travaillées sont mal ressenties. Pourquoi, sinon à cause de facteurs culturels, le Nigeria se dit-il heureux, alors que les besoins élémentaires n'y sont pas toujours satisfaits[1] ? »

Un jour, lors de ses pérégrinations au Congo, un jeune expert international fit observer au romancier britannique John Le Carré : « Malgré tous les problèmes, on rencontre moins de gens déprimés à Bukavu qu'à New York. »

Pourquoi ?

---

1. *Le Monde*, 6 juillet 2007.

Selon les professeurs de Princeton réunis autour de Kahneman, les personnes à haut niveau de revenu consacrent plus de temps que les autres au travail. Si bien qu'elles consacrent leur temps libre à des activités obligatoires (faire les courses, s'occuper des enfants), à des loisirs actifs, comme le sport. Bref, ces personnes baignent dans l'opulence, mais ajoutent le stress au stress. Leur aisance financière leur est donc de peu d'utilité.

Il y a une autre raison.

Certains chercheurs considèrent que ce n'est pas le fait d'être riche qui fait le bonheur, mais d'être plus riche que les autres, amis, famille, voisins, quelle que soit la classe sociale dans laquelle on se trouve. L'écrivain Jules Renard expliquait le phénomène à sa façon : « Il ne suffit pas d'être heureux ; encore faut-il que les autres ne le soient pas » !

Si nous nous comparons...

> « Choisissez un travail que vous aimez et
> vous n'aurez pas à travailler un seul jour de
> votre vie. »
>
> Confucius

Un jeune intellectuel français, Alexis Rosenbaum, né
en 1969, analyse les « tensions comparatives ». Pour lui,
les comparaisons ont un effet évident : l'inflation galo-
pante des jalousies, la prolifération de l'envie, la prospérité d'un sentiment d'infériorité[1].

Rosenbaum explique qu'autrefois, on se comparait à
son voisin. Mis à part quelques notables, les voisins
avaient peu ou prou le même niveau de vie, et la « pression comparative » était réduite. Dans les campagnes, la
terre, les récoltes et le bétail étaient réputés rares, les
richesses et l'amour semblaient inaccessibles, il ne fallait
rien gaspiller.

Dans les sociétés paysannes, on ne montre rien. Montrer l'argent comporte le risque d'affecter le lien social,
de créer des tensions, des jalousies, et peut-être pire.

Rosenbaum observe cette tradition :

---

1. Alexis Rosenbaum, *La peur de l'infériorité*, L'Harmattan, 2006.

– *Un pays, une société, un groupe humain où l'on se prému-
nit contre l'envie en adoptant une apparence vestimentaire
modeste, en ne faisant pas preuve d'ostentation, ce n'est pas le
mal absolu*[1].

C'est juste un pays où l'on jugule l'envie par le secret.

– *En France, dans les cafés, on s'intègre en parlant d'abord
de ses douleurs, de ce qui ne va pas, certainement pas de sa
réussite ; ça huile les rapports sociaux, ça empêche les spasmes
de l'envie, la jalousie sociale.*

Le problème, c'est que la dilapidation, l'obligation de
suivre la mode, la « dépense ostentatoire », sont deve-
nues monnaie courante.

Rosenbaum constate que les personnes à qui nous
pouvons nous comparer, les « cibles de comparaison »,
se sont multipliées.

– *Les cibles de comparaison sont très distantes pour nous, mais
la télévision nous donne l'impression d'une grande proximité.*

Ces cibles, ce sont les sportifs qui dévoilent pour nous
leur vie quotidienne, les milliardaires au volant de leurs
voitures de luxe. À force d'assister à leurs frasques par
petit écran interposé, on finit par avoir l'impression que
la vie des milliardaires est à la fois enviable et accessible.

Hélas, cette apparence de facilité nous conduit à nous
reprocher à nous-mêmes notre manque d'initiative. Si
nous ne sommes pas à leur niveau, c'est faute d'avoir
essayé, ou d'avoir été assez forts. Dans tous les cas, nous
nous sentons en défaut.

Nous sommes coupables.

Comment sortir du syndrome d'infériorité ?

Selon cet intellectuel, il convient d'enseigner aux
enfants que les valeurs de réussite économique ne sont
pas les seules et ne suffisent pas à rendre heureux. De
toute façon, la course à la réussite, la *rat race,* nous y

---

1. Entretien avec l'auteur, 29 novembre 2007.

revenons, est d'abord un avantage non négligeable pour le capitalisme.

– *Stimuler le désir de réussir permet d'extraire l'énergie des individus.*

L'idéologie de la réussite est un outil d'extraction, de ponction de l'énergie humaine. La valorisation du succès favorise les efforts de chacun. Toute rémunération symbolique accroît la productivité. Tout revenu narcissique allège la feuille de salaire.

Une conception française

« Il n'y a qu'une réussite : pouvoir vivre comme on l'entend. »

Christopher Morley
Where the blues begins

Jean de La Fontaine a écrit de nombreuses fables sur les rats : *Le rat des villes et le rat des champs, Le lion et le rat, Le rat qui s'est retiré du monde, La grenouille et le rat,* et quelques autres encore. Il avait appelé la capitale des rats Ratopolis.

C'est pourtant dans *Le loup et le chien* qu'il raconte le mieux une conception française de la réussite remontant à l'Ancien Régime.

Un loup décharné, qui n'a « que les os et la peau », rencontre un chien « aussi puissant que beau ». L'animal domestique conseille à l'animal sauvage de l'imiter, de quitter les bois, pour manger à sa faim et « s'offrir un bien meilleur destin ». Avant de passer à l'acte, le loup demande, par précaution : « Que me faudra-t-il faire ? »

Le chien répond : « Presque rien. »

Presque rien, c'est tout de même donner la chasse aux gueux et aux mendiants. Pour le reste, il faudra

« flatter ceux du logis » et « à son maître complaire ». Presque rien. Le loup est tout attendri à l'idée de son luxueux avenir, lorsqu'il aperçoit le cou pelé du chien, la trace du collier qui l'attache. Le loup comprend soudain le prix payé par le chien pour réussir avec les hommes. Et il s'enfuit, considérant qu'à ce prix, il ne voudrait pas même d'un trésor.

Ancien conseiller de Georges Pompidou à l'Élysée, directeur de recherche au CNRS, Philippe d'Iribarne publia en 1973 aux éditions du Seuil un essai retentissant : *La politique du bonheur.*

Polytechnicien, Iribarne expliquait en quoi le produit national brut, le fameux PNB à partir duquel on calcule la croissance, n'est pas toujours un indicateur pertinent. C'était après Mai 68, quand on se demandait « pourquoi perdre sa vie à la gagner ? ». La fable du loup et du chien est l'une de ses préférées.

– Vous connaissez cette expression, qui désigne en France le fait de réussir : « ramper verticalement[1] *».*

C'est un économiste français, Georges Elgozy, qui, dans *L'esprit des mots ou l'anti-dictionnaire*, rédigea cette maxime : « En politique, grimper, c'est ramper verticalement. »

Les Français ne sont ni chinois ni japonais, mais la crainte de « perdre la face » les taraude. De perdre la face sociale, s'entend. Dans l'idéal, réussir d'accord, mais sans se compromettre. Plutôt mourir pour de vrai que mourir de honte. Préférer le panache, c'est le sens de la tirade du « non merci » de Cyrano de Bergerac, le personnage picaresque de la pièce d'Edmond Rostand. Comme le loup de la fable, Cyrano demande, pour réussir « que faudrait-il faire ? ».

---

1. Entretien avec l'auteur, 8 octobre 2007.

Grimper par ruse au lieu de s'élever par force ?
Non merci ! [...].
Exécuter des tours de souplesse dorsale ?
Non merci ! [...].
Calculer, avoir peur, être blême [...] ?
Non merci ! Non merci ! Non merci !

À la place, Cyrano préfère « chanter, rêver, rire, passer, être seul, être libre », « travailler sans souci de gloire ou de fortune », ne devoir ses triomphes qu'à lui-même, et, pour conclure :

Ne pas monter bien haut, peut-être, mais tout seul !

C'est là, selon Philippe d'Iribarne, une spécificité, peut-être une idéologie française, en comparaison des pays anglo-saxons.
– *Regardez les figures les plus populaires de l'histoire de France : Vercingétorix, Jeanne d'Arc, Jean Moulin. Ils ont tous perdu, mais ils sont morts debout. La mort terrible, ce n'est pas de mourir, c'est de plier, de céder.*
De se laisser passer le collier, comme dans la fable.
Le film d'Alain Corneau *Tous les matins du monde*, adapté d'un roman de Pascal Quignard, évoque cet éternel dilemme entre les concessions et la pureté. D'un côté Marin Marais, violiste de la Cour, prestigieux musicien de Louis XIV, de l'autre son ancien professeur M. de Sainte-Colombe, reclus et sombre, à la recherche de la perfection absolue, sans fard, fuyant les mondanités. Iribarne :
– *Marin Marais est un courtisan. Il illustre la domestication de la noblesse. Il y a en France toute une image de la réussite servile.*
En 1789, avant la convocation des états généraux, l'abbé Sieyès publie *Qu'est-ce que le tiers état ?* Six mois plus tard, ce sera la prise de la Bastille.

– Le fondement du combat de Sieyès, c'est qu'il ne souffre pas que le tiers état se déshonore à faire la cour aux grands.

Cela signifie-t-il que la France est fâchée avec la réussite ? Non, à condition d'y mettre les formes. Non, si les ambitions relèvent de la grandeur. En prologue à ses *Mémoires de guerre*, le général de Gaulle écrivait : « La France ne peut être la France sans la grandeur. »

Bref, pour motiver un Français, il faut lui promettre de grandes choses.

Le mode avoir et le mode être

« Le paradis terrestre est où je suis. »

Voltaire
Le Mondain

En 1976, le psychanalyste américain d'origine alle-mande Erich Fromm publiait *Avoir ou être* ?. Dans son livre, Fromm répond qu'il y a une seule manière de sur-monter réellement la peur de mourir, enseignée par Bouddha, Jésus, les stoïciens, Maître Eckhart.

Elle « consiste à ne pas s'accrocher à la vie et à ne pas ressentir la vie comme une possession ».

Car la peur « de perdre ce que j'ai » ajoute encore à la peur de disparaître.

Fromm explique que dans notre société, où l'on peut dire qu'un individu « vaut un million de dollars », un homme qui « n'*a* rien n'*est* rien ». Et pourtant, les grands sages de l'humanité privilégient l'être sur l'avoir.

« Bouddha enseigne que, pour pouvoir parvenir au plus haut niveau de développement humain, nous ne devons pas êtres avides de posséder[1]. »

---

1. Erich Fromm, *Avoir ou être* ?, Robert Laffont, 1987.

« Dans la mesure où nous vivons selon le mode de l'avoir, nous avons nécessairement peur de mourir. Aucune explication rationnelle ne pourra supprimer cette peur. »

« La perte de la peur de mourir, explique Fromm, ne devrait pas commencer comme une préparation à la mort, mais comme un effort continu tendant à *réduire le mode avoir et à augmenter le mode être*. Comme dit Spinoza, le sage pense à la vie et non pas à la mort. »

Il conclut : « L'enseignement de l'art de mourir est le même que celui de l'art de vivre. Plus nous nous débarrassons du désir de posséder, sous toutes ses formes, moins forte est la peur de mourir, puisqu'il n'y a rien à perdre. »

Un grand patron français a lu *Avoir ou être ?*. Dans les années soixante-dix, ce fut son livre de chevet. Plus de trente ans plus tard, il s'y réfère toujours, et pas seulement pour la galerie.

Fondateur de la station de ski d'Avoriaz, du groupe d'immobilier de loisirs et de tourisme Pierre et Vacances, Gérard Brémond possède aussi bien les résidences de vacances Maeva que les parcs de loisirs Center Parcs. Ce promoteur immobilier disposait en 2008, selon le magazine *Challenges*, d'une fortune de près de 500 millions d'euros, le classant parmi les cent personnes les plus riches de France.

Un soir d'hiver, Gérard Brémond m'accueille dans son bureau, en face du siège du Club Med, près de la porte de la Villette à Paris.

Le patron de Pierre et Vacances est un original. Non seulement il refuse d'être un esclave de l'argent, mais il jure même détester la consommation de manière viscérale. Les boutiques de vêtements, ça l'emmerde, en pousser la porte une fois tous les deux ans lui suffit. Du temps de sa jeunesse, il aimait les belles voitures, mais le goût lui a passé. Alors s'intéresse-t-il à la pierre, aux résidences secondaires, tertiaires, lui qui a fait fortune dans l'immobilier ?

Pas du tout.

– *Les cordonniers sont les plus mal chaussés*[1].

À part un chalet à Avoriaz, qui fait office de bureau, il jure ne pas posséder de lieu de villégiature à titre personnel. Un comble, cet homme qui vend « de la pierre », comme on dit dans l'immobilier, ne veut pas, à titre personnel, se passer « la pierre au cou ».

Il a même réfléchi à la notion de « narcissisme patrimonial ». En résumé, on peut être prisonnier d'une résidence secondaire.

– *Quand vous êtes très attaché à une propriété, le temps et l'argent disponibles sont insuffisants pour découvrir le monde.*

Gérard Brémond a un secret.

Je lui annonce :

– Je suis au courant.

Sur son siège, Brémond a l'air effondré, comme un homme à qui j'aurais annoncé une maladie grave. Perplexe, il s'assied de côté, la main soutenant le visage. Il a l'air dépité.

De quoi s'agit-il ?

Dans la plus grande discrétion, il a pris la décision de consacrer plus de la moitié de sa fortune, chèrement acquise, à une fondation caritative. À soixante-dix ans, il a créé la fondation Ensemble, qu'il préside, tandis que son épouse est vice-présidente. Ensemble promeut en France et dans le tiers-monde des actions liées à l'eau et au développement durable.

Dans ce pays où l'on est censé avoir honte de l'argent, lui semble avoir honte de sa générosité et craint que les mauvaises langues ne la tournent en dérision, d'où sa discrétion.

---

1. Entretien avec l'auteur, 8 janvier 2008.

Soudain, il se lance :

– Je vais vous en parler d'un point de vue philosophique. Pour le reste, on verra.

Il se lève, range son bureau, va chercher son téléphone dans la poche de son manteau accroché, pianote sur le clavier, s'agite, s'affaire, marche de long en large comme un musicien luttant contre le trac. Il se rassied.

– Pourquoi je ne parle pas trop de ça ? Parce que je suis frappé par le côté exhibitionniste des gros chèques lors de donations à la télévision.

Mis à part lors du Téléthon, et peut-être à l'occasion du tsunami en Asie du Sud-Est, les images de donations par les riches ne sont pourtant pas fréquentes.

– C'est un chemin personnel, ça fait partie de la vie privée. D'ailleurs je ne suis pas certain que ce soit l'intérêt de l'entreprise que j'en parle.

La pudeur.

– Je ne veux pas qu'on dise : « Ah ! qu'est-ce qu'il est généreux, qu'est-ce que c'est un bon gars ! Il aurait pu s'acheter un yacht et il a préféré donner son argent... »

Les grands patrons dans la confidence sont aussi sceptiques que les notaires. « Mais la dynastie... », s'offusquent certains. Difficile pour Brémond de leur dire le fond de sa pensée, à savoir qu'une vision seulement matérialiste de la vie mène à l'échec personnel.

La philanthropie n'est pas du goût de ces Français. Chez nous, plutôt que de léguer leur fortune à des causes, comme Bill Gates et Warren Buffett aux États-Unis, les riches préfèrent spéculer sur les œuvres d'art. Titillés sur leur faible générosité, les milliardaires de France jurent que, n'était la loi fiscale, ils se montreraient sans doute plus prodigues en donations à des associations.

Le beau prétexte.

La loi sur les pactes successoraux de 2007 permet de déshériter ses enfants à condition d'obtenir leur accord.

Brémond parle de son idée à ses enfants depuis qu'ils ont cinq ou six ans. Trente ans plus tard, quand il passe à l'acte, les rejetons ne sont pas surpris. En revanche, les notaires frisent l'apoplexie. Les officiers ministériels demandent au patron ce que ses enfants lui ont fait de si grave pour qu'il les spolie ainsi.

– Je leur rends service, répond l'intéressé.

Son geste n'a rien d'hostile envers eux. Bien au contraire.

– *En vertu de ma philosophie, l'argent hérité est pernicieux pour les relations entre les parents et les enfants et destructeur pour la réalisation personnelle des enfants.*

Le fondateur d'Avoriaz a vu autour de lui des gosses plombés par la perspective de l'héritage. L'attente d'une manne tombée du ciel parental est une incitation à ne rien faire de sa vie. Brémond récuse la logique « je leur ai donné la vie donc je leur donne le cumul de mes richesses ». C'est un original dont le discours iconoclaste le rapproche des théories d'Erich Fromm :

– *Le capitalisme s'autodétruit.*

Brémond considère que nous vivons dans un « monde de folie absolue avec des éléments objectifs alarmants ». Mais il ne dénigre pas l'action. Il éprouve encore du plaisir à diriger Pierre et Vacances. Il préfère ça à aller au cinéma, lui qui fonda dans les années quatre-vingt une société qui produisit *Tandem, Monsieur Hire* et *Ridicule*. Au fond de lui-même, il sait bien qu'il aurait voulu être un artiste.

– *J'aurais échangé dix Pierre et Vacances pour avoir un tiers du talent de Django Reinhardt.*

En 1955, au lycée Janson-de-Sailly, le jeune Brémond rêvait d'une carrière de jazzman. Il écrivait dans la revue *Jazz Hot,* jouait de la clarinette guitare et de la basse avec Sacha Distel, éprouvait des joies, des complicités d'un niveau qu'il n'a jamais retrouvé depuis. Mais, musicien médiocre, il ne pouvait en faire son gagne-pain. Le principe de réalité l'emmena donc vers une profession plus classique. Plus tard, il rachèterait *Jazz Hot*, la radio TSF, et le célèbre club de jazz de Paris, le Duc des Lombards. Mais on ne rachète pas son passé, ni la vie d'artiste. Brémond le sait, posséder les lieux ne change rien au plaisir du concert. Simplement l'argent lui a permis de fréquenter des jazzmen.

Le promoteur résume sa philosophie : sans échange avec autrui, sans dons aux autres, le bonheur est impossible.

Par modestie, le patron précise :

– *Attention, je ne suis pas saint Brémond.*

Il jure ne nourrir aucun sentiment de culpabilité d'avoir réussi. Non, son attitude généreuse relève – aussi – de l'égocentrisme. Il est détaché par précaution, car le détachement est la meilleure des assurances contre les coups durs.

Marcher doucement vers une fontaine

« Le résultat n'a pas d'intérêt, c'est le combat qui en a. »

Gandhi[1]

Envolé de l'astéroïde B612 où l'attend sa rose fragile, le Petit Prince se promène dans les étoiles. Sur la quatrième planète, il rencontre un businessman. Cet homme d'affaires compte dans le ciel « ces petites choses dorées qui font rêvasser les fainéants ». Les étoiles. Il croit les posséder, et cela lui « sert à être riche ». Être riche lui permet d'acheter d'autres étoiles, et de les placer en banque. Mais jamais le businessman ne prend la peine, ni surtout le plaisir, d'admirer les astres. Sur la Terre, le Petit Prince rencontre un marchand de pilules perfectionnées qui apaisent la soif. Le garçonnet aux cheveux couleur de paille demande l'intérêt. Le marchand : « C'est une grosse économie de temps. Les experts ont fait des calculs. On épargne cinquante-trois minutes par semaine. » Que faire de ces cinquante-trois minutes gagnées sur le temps ? Le Petit Prince, lui, sait bien ce qu'il en ferait : « Je marcherais tout doucement vers une fontaine ».

---

1. Cité par André Malraux, *Antimémoires, op. cit.*

Mais marcher tout doucement n'est pas facile à ceux qui savent seulement courir.

Jean-Louis Servan-Schreiber a appris.

Il a appris la science du temps.

Le liquide amniotique dans lequel baignait le fœtus, il y a plus de soixante-dix ans, avait pourtant le goût de l'ascension sociale. Le patron de *Psychologies magazine* est le rejeton d'une famille dotée d'une ambition fulgurante inspirée par l'*American dream*. Son père, Émile, autrefois copropriétaire des *Échos*, publia en 1929 *L'exemple américain*[1]. Son frère aîné, Jean-Jacques, polytechnicien, fonda *L'Express* en 1953 puis, en 1967, perpétuant une tradition familiale, publia *Le défi américain*[2]. Un jour, il en était convaincu, il serait président de la République.

Las. Même s'il marqua toute une génération, JJSS ne fut ministre des Réformes que quelques jours de 1974. Son élan s'était brisé, et le rêve de grandeur peu à peu s'étiola.

Jean-Louis a failli n'être que l'ombre de son frère. Après sa formation dans les entreprises familiales, ses débuts furent empreints de mimétisme. Il fit ses classes dans la presse américaine, puis fonda le groupe de presse économique *L'Expansion*. Il produisit pendant huit ans une émission sur TF1, *Questionnaire*, créa Radio Classique, et publia une dizaine de livres dont les titres fleurent l'humanisme bon teint.

Dans l'antichambre où patiente le visiteur, au sixième étage de l'immeuble occupé par *Psychologies magazine*, le visiteur est d'abord surpris de découvrir au mur la photo encadrée d'un chien en noir et blanc. Pas n'importe quel portrait, puisque le cliché est signé des studios Har-

---

1. Émile Servan Schreiber, *L'exemple américain*, Payot, 1919.
2. Jean-Jacques Servan-Schreiber, *Le défi américain*, Denoël, 1967.

court, où tant de stars se sont fait tirer le portrait. Le chien, justement, entre dans la pièce, avec à sa suite Jean-Louis, qui lui lance : « Venez Zouk. »

Il s'assied à la table, les mains en position de prière, qui semblent se caresser l'une l'autre. Il n'enlève pas ses chaussures et ne remonte pas ses jambes sur sa chaise dans la position du lama, comme souvent.

– J'ai fait une réussite qui me convenait. Je n'ai pas poussé les feux au maximum, car je savais que ça allait me rendre malheureux[1].

– Parce que vous avez eu des exemples sous les yeux ?

À l'écoute de cette allusion évidente à son frère, il sourit.

– Oui, bien sûr.

Du parcours étourdissant et décevant de son frère, il a retenu une leçon : obligation de jouir. Pas n'importe comment. Ce Montaigne de la presse renâcle à s'étourdir dans la frénésie mondaine. Il sait que nos modestes odyssées personnelles consistent à éviter le stress, la pléthore de consommation, et l'irréalité : « Il faut rentrer dans la vie. »

– Garder l'affectif, le corps et la santé, voilà l'essentiel. Tant qu'il y a un bol de soupe et un rayon de soleil dessus, on peut saluer le jour. Et il suffit de conserver la lucidité.

À ce journaliste, patron de presse, essayiste sur le bonheur, je cite la phrase que m'a lancée Franz-Olivier Giesbert : « On ne peut pas être heureux quand on est journaliste. » Est-elle pertinente, cette sentence ?

– Il parle pour lui. À mon avis, il faut considérer que nous travaillons tous sur l'éphémère, même quand nous réalisons des choses que nous croyons durables. Par rapport à la durée et à l'étendue de l'univers, ce que nous considérons éphémère est équivalent à ce que nous estimons durable. S'imprégner du côté

---

1. Entretien avec l'auteur, 19 septembre 2007.

éphémère et de ce que nous sommes et faisons est une voie vers le bonheur.

Sa réponse me surprend. Je croyais qu'il m'expliquerait qu'il est loisible d'échapper à l'éphémère par la spiritualité. Mais non, il vaut mieux, considère-t-il, profiter de ce qui passe. À l'appui de sa thèse, il invoque un livre américain – il ne se souvient plus du titre –, dans lequel il est écrit que la vie est un jeu, dont les joueurs peuvent poursuivre deux buts différents : remporter la partie, ou simplement continuer à jouer.

– *La plupart des gens jouent pour gagner : épouser telle personne, obtenir telle rémunération, telle décoration. Par définition, ce n'est pas satisfaisant.*

Continuer à jouer est déjà beaucoup plus intéressant :

– *Une fois, j'ai interviewé Hassan II. Autour du monarque se pressaient les ministres, dont Driss Basri, le redouté ministre de l'Intérieur. Toute cette Cour a baisé la main du roi. Je lui ai dit : « Majesté, c'est bien votre job, mais est-ce que ça n'est pas une frustration de savoir qu'on n'aura jamais d'avancement ? »*

À aucun moment, au cours de la conversation, Servan-Schreiber ne montre une pointe de convivialité. Il ne formule aucune parole inutile, ne procède à aucune digression gratuite, et n'essaie même pas de susciter la sympathie. Fait-il penser au personnage de Voltaire, Candide ? En tout cas, la naïveté du patron de *Psychologies*, cette ingénuité face à la banalité de la vie, cette façon qu'il a de parler sans fard de son propre corps, de ses désirs de corps de femmes, cette propension à parler « au premier degré » en fait un être finalement étrange. Il prononce des phrases simples, affirme comme Léo Ferré que « le bonheur, c'est du chagrin qui se repose », explique que les sagesses orientales et la philosophie grecque auxquelles il se réfère, « *tout ça remonte à la même époque, cinq cents ans avant Jésus-Christ* ».

Je me dis qu'au fond ce membre de l'establishment a le courage d'affronter les regards narquois. S'il joue un rôle, en tout cas son personnage a le mérite de n'appartenir qu'à lui. Instaurer l'équilibre, « mieux vivre », le coup du yin et du yang, on entend d'ici les railleries.

– En France, l'atmosphère intellectuelle, contestataire, est telle qu'on ne peut guère admettre qu'on est satisfait. L'attitude normale, colportée par les médias, consiste à dire : « Moi, monsieur, on ne me la fait pas. »

Et si la plus ultime des réussites, c'était d'échapper à la logique du mal de vivre non pas par la frénésie, mais par la lenteur, la conscience de soi et des choses, loin de la course des rats ?

Arrêter de jouer la comédie !

> « Ta vie sera agréable et sûre lorsque la vie comptera plus à tes yeux que la sécurité, l'amour plus que l'argent, ta liberté plus que la "ligne du parti". »
>
> Wilhelm Reich
> *Écoute petit homme !*

Ancien patron de RTL, désormais vice-président de Direct 8, Philippe Labro a fait dans sa vie plus de choses différentes que n'en font la plupart des autres hommes : de la radio, des livres, des films, des chansons.

Il ne se fait pas d'illusions.

– *L'éclectisme est l'expression d'une immense insatisfaction*[1].

Labro cite l'exemple de Romain Gary, immigré né en Lituanie qui vécut dans le dénuement à Nice avec sa mère, qui lui promettait qu'il serait un jour « ambassadeur de France ». Gary exauça le vœu maternel, brilla dans la belle société, séduisit les plus belles femmes du monde, écrivit sous son nom et sous un pseudonyme quelques-uns des plus beaux livres du XXe siècle. En 1960, dans *La promesse de l'aube*, Gary

---

1. Entretien avec l'auteur, 25 octobre 2007.

raconta la folle ambition que l'amour de sa mère lui avait assignée.

Labro avait parlé avec lui de cette énergie dépensée à tout faire, tout voir.

– Il y a trente ans, Gary m'a dit : « Tu as bien compris pourquoi tu fais ça : parce que tu cherches à échapper à la mort. »

Comme s'il était possible de suspendre le cours fatal.

En 1980, Gary se suicida.

– Vous y avez songé, pour vous ? demandé-je à Labro.

– Une fois, mais je me suis soudain souvenu d'une remarque de mes enfants à propos des occupants des chambres de bonnes au dernier étage de notre immeuble : « Ils ont moins de chance que nous, ils ne doivent pas se marrer là-haut. »

Philippe Labro ne veut pas être dupe des statuts sociaux. Il se souvient d'avoir longé un chemin bordé de murettes au palais royal de l'Alcazar à Séville.

La galerie des Grotesques.

Labro y repense, parfois, face aux prétentieux, aux orgueilleux, aux imbus de leur personne. Il a lui-même beaucoup flâné à la « foire aux vanités ». Il en est revenu, jure-t-il.

Désormais, il invoque l'allégorie de Marguerite Yourcenar : la vie est le vol rapide d'un oiseau à travers une grande pièce. Il accepte, dit-il, la vanité de toutes choses.

Deux « maladies » l'ont aidé. Le trou noir et la dépression.

Le grand tunnel, il l'a traversé en 1994. À l'époque vice-P-DG de RTL, victime d'une vilaine bactérie, il frôle la disparition définitive. Le journaliste passe six semaines à l'hôpital Cochin, dont dix jours en réanimation.

– J'ai navigué dans les eaux du Styx.

Le Styx, c'est l'un des fleuves des Enfers de la mythologie. Le mot exprime l'horreur de la mort. Labro a failli rester dans ces eaux.

— Je me suis dit : j'ai eu tellement peur, je ne peux plus avoir peur.

À quelque chose malheur est bon. Il dit :

— À Cochin, le malheureux petit carreau à travers lequel je voyais le ciel était pour moi le plus beau paysage du monde.

Après Cochin, retour au miracle de la vie. Il va vers l'Orient, les bouddhistes, se met à lire des auteurs japonais.

Pour acquérir un sens aigu de la précarité des choses, un second événement survient. La dépression. La violente, froide, la mécanique dépression. C'était en 1999. À l'automne, Labro s'apprête à monter sur la plus haute marche de son ambition, la présidence de RTL. Soudain, tout désir en lui s'envole.

— Ce fut une brûlure.

Un *burn out,* dit-on aux États-Unis.

Le sentiment d'être broyé par une centrifugeuse. Labro décrira dans un livre, *Tomber sept fois, se relever huit*[1], ce sentiment de la vie normale écrabouillée : « Je ne désire plus rien, je n'ai plus goût à rien. Manger est une épreuve, boire une punition. La mandarine n'a plus de goût, la purée ne passe pas à travers la gorge, le café laisse des traces d'amertume. »

Que se passe-t-il donc ?

— Mes parents m'ont toujours donné de la reconnaissance, mais je crois que je n'en ai jamais été sûr. C'est pourquoi j'ai cherché la réussite. Je réalise enfin ce pour quoi je me suis battu, voilà que je me retrouve devant le trou noir.

Du bon usage des maladies. Labro prend conscience qu'il fut un jeune homme qui avait la faiblesse de vouloir être fort. Il entend désormais, selon l'expression de Malraux, « destruction de la comédie ».

---

1. Philippe Labro, *Tomber sept fois, se relever huit*, Gallimard, 2003.

– *Si on reste lucide, on est entre « j'ai réussi » et « ça ne vaut rien ». On ne peut ni se résigner au contentement bourgeois ni au rien ne vaut rien.*

Son instrument pour être lucide, c'est le *built-in-shit detector*, le « détecteur de merde » cher à Ernest Hemingway, l'écrivain qu'il aurait rêvé d'être. Que détecte-t-on avec cet appareil intellectuel ?

– *On différencie le bidon du vrai, la comédie de la sincérité, l'imbécile de l'instinctif.*

Il a fallu à Labro atteindre l'âge de quarante ans pour prendre du recul et réfléchir à tout ça.

– *Avant, je mettais des noisettes de côté pour l'hiver.*

– Qu'est-ce qui vous faisait courir ?

– *Les jambes.*

– Vous jouez sur les mots.

– *Non, non, les jambes, je dis bien les jambes. L'envie de courir. On en revient à Proust, qui dit : « Tout est énergie. »*

Philippe Labro aime les citations. Elles solidifient sa mémoire et structurent sa pensée.

C'est quoi réussir ?

Il répond par deux phrases. L'une d'André Suarès : « C'est croire en soi. Ce qui compte, ce n'est pas ce qu'on a été dans le monde, c'est ce qu'on a fait de soi. »

Ensuite, il cite le pianiste Glenn Gould, le fameux interprète des *Variations Goldberg* de Bach : « L'objectif de l'art, ce n'est pas le déclenchement d'une sécrétion momentanée d'adrénaline, mais la construction, sur la durée d'une vie, d'un état d'émerveillement et de sérénité. »

La phrase s'applique aussi bien à la réussite.

Dans l'un des livres de Labro, *Un été à Paris,* un curé posait au narrateur la question : « T'es-tu demandé combien de fois tu as pensé à autre chose qu'à ta réussite et à quelqu'un d'autre que toi ? » À une époque, Labro fut obsédé de son nombril, il le reconnaît. Dans son roman *Un été dans l'Ouest,* il avait écrit à propos du narrateur, lui-même, qui venait d'empocher 900 dollars en trois mois : « Gagner, c'était réussir à ne pas perdre. »

– *Dans « content » il y a « con ». La seule vraie réussite est de comprendre que la réussite n'existe pas.*

Plus tard dans la conversation, il livre une autre version.

– *La seule vraie réussite, c'est l'acceptation de soi, l'échange avec les autres et la notion d'amour qui peut soulager les inquiétudes métaphysiques et suspendre le cours fatal du temps.*

Plus une troisième version :

– *La vraie plénitude, c'est aussi regarder un enfant grandir. L'acceptation de la terrible précarité de la vie passe par le relais parental.*

Il conclut avec saint Bernard :

« *Spernere mundum ; spernere ipsum ; spernere neminem ; spernere se sperni.* »

Se moquer du monde ; se moquer de soi-même ; ne se moquer de personne ; se moquer du fait que l'on se moque.

« Tu seras un homme, mon fils »

« N'essayez pas de devenir un homme qui a du succès. Essayez de devenir un homme qui a de la valeur. »

Albert Einstein

En janvier 1936, l'écrivain britannique Rudyard Kipling rend son dernier souffle. Quelque temps auparavant, l'auteur du *Livre de la jungle* a lu dans une revue qu'on annonçait sa mort. Il écrit un mot au journal : « Je viens de lire que j'étais décédé. N'oubliez pas de me rayer de la liste des abonnés. »

En 1910, pour son recueil *Rewards and fairies*, il avait écrit l'un des poèmes les plus émouvants jamais écrits.

If.
Si.
C'est une ode à l'équilibre, à l'action et à la distance.

*Si tu peux voir détruit l'ouvrage de ta vie
Et sans dire un seul mot te mettre à rebâtir.*

Un hommage à la grandeur et à la modestie.

Comment réussir sa vie ?

Si tu peux rester digne en étant populaire,
Si tu peux rester peuple en conseillant les Rois.

Un appel à rêver sans laisser le rêve être le maître.
Une injonction à ne se laisser bouleverser ni par les réussites ni par les échecs, car ils ne nous disent rien de ce que nous sommes.

Si tu peux rencontrer triomphe après défaite
Et recevoir ces deux menteurs d'un même front,
Si tu peux conserver ton courage et ta tête
Quand tous les autres la perdront ;

Alors les Rois, les Dieux, la Chance et la Victoire
Seront à jamais tes esclaves soumis
Et, ce qui vaut bien mieux que les Rois et la Gloire,

Tu seras un Homme, mon fils.

Épilogue

« Un homme fait de tous les hommes, et
qui les vaut tous et que vaut n'importe qui. »

Jean-Paul Sartre
Les mots

Pourquoi avoir réalisé cette enquête ?

Il est temps de me poser la question pour moi-même.

Je ne trouve qu'une réponse. Je fais souvent un rêve.
Un enfant fouille de vieux cartons dans un grenier pous-
siéreux. Au milieu d'un fatras, ce gamin se saisit d'un de
mes livres.

Dans mon rêve, l'enfant plisse les paupières, scrute
l'ouvrage, et s'assied en tailleur sur le parquet du grenier.

Il commence à tourner les pages.

L'enfant est absorbé. Cet enfant dans le grenier est-il
le mien, ou celui de mon fils, ou un descendant d'un
degré plus lointain ? Si l'on analyse, il se peut que le parquet du grenier soit tout simplement la terre ferme, et
que moi, en dessous, je sois six pieds sous terre.

Je suis mort.

Sans doute, si j'écris, j'aspire à un tout petit bout, infi-
nitésimal, de survie.

C'est ridicule.

Remerciements

Sans les témoignages des intéressés, les aides professionnelles ou amicales, ce livre n'aurait pas vu le jour. Ne croyez pas que je fasse ici les exercices de gratitude à la façon de Marc Aurèle.

Non, ceci n'est pas un exercice.

Je tiens simplement à remercier tous ceux, anonymes ou cités, qui m'ont apporté leur soutien, en me consacrant du temps.

Merci à :

Olivier Abel, Alain Afflelou, Mohed Altrad, Patrick Amar, Loumia Amarsy, Christophe André, Patricia Barbizet, Jean-Paul Baudecroux, François Bayrou, Claude Bébéar, Khaled Bencheikh, Mariella Bertheas, Éric Besson, Pierre Bilger, Bernard Billaud, Jean Bothorel, Jean-Claude Bourrelier, Gérard Brémond, Michel Calzaroni, André Candiotti, Philippe Caubère, Denys Chalumeau, Pierre Charron, Henri Chenot, Jacques Chirac, Yseulys Costes, Boris Cyrulnik, Jean-Marie Dru, Alain Ducasse, Marc Dugain, Catherine Euvrard, Luc Ferry, Bruno Fuligni, Max Gallo, Nicolas Gaume, Anna Gavalda, Franz-Olivier Giesbert, Philippe Guillanton, Claudie Haigneré, Philippe d'Iribarne, Aliza Jabès, Haïm Korsia, Pierre Kosciusko-Morizet, Philippe Labro, Marc Ladreit de Lacharrière, Fabrice Larue, Christian Laval, Jean-Guy Le

Floch, Loïc Le Meur, Eugénie Lebée, Jean-Marc Lech, Jacques Maillot, Philippe Manière, Pierre Mauroy, Anne Méaux, Sophie de Menthon, Alain Minc, Xavier Niel, Lindsay Owen-Jones, Xavier Patier, Catherine Pégard, François Pinault, Michel Pinçon, Monique Pinçon-Charlot, Didier Pineau-Valencienne, Patrick Poivre d'Arvor, Jean-Pierre Raffarin, Christophe Reille, Alexis Rosenbaum, Geoffroy Roux de Bézieux, Jean-François Roverato, Yazid Sabeg, Éric Salmon, Olivier Seban, Jean-Louis Servan-Schreiber, Jacques Servier, Marc Simoncini, Alexis Suchet, Paul-Loup Sulitzer, Pascal de Sutter, Bernard Tapie, Hervé Tordjman, Rose-Marie Van Lerberghe, Dominique de Villepin, Alain Weill, Antoine Zacharias, Aude Ziessenis de Thuin.

J'exprime ma gratitude à mon éditeur Alexandre Wickham, qui a compris l'importance de ce livre. Je le remercie pour ses conseils et sa créativité. Merci aussi à Richard Ducousset pour ce livre et les précédents.

Je dis à Sophie que l'ouvrage doit beaucoup à sa sagesse, à ses sentiments. Je profite de l'occasion pour lui exprimer les miens.

Bonne chance à Gaspard et Robinson.

Merci à mes grands-parents et à mes parents, pour l'élan qu'ils m'ont donné.

Merci à Nathan, pour ce qu'il est.

Table

Avant-propos 11

1. À quoi sert de réussir ?

Un milliardaire qui en a « plein la gueule » 19
Anna assure qu'elle s'en fiche aussi ! 25
Tout ce que dira Chirac est « off » 27
Sarkozy ne répond pas au courrier 32
On ferait mieux de ne pas réussir ! 35
Owen-Jones a « un petit doute » 39
La question qui « emmerde » Tapie 45
Cette étrange comédie humaine 49
Délicieux plaisirs féminins 52
Les femmes veulent tout réussir 57

2. À la recherche de Rosebud

« Je déteste les bourgeois » 65
L'énigme du bouton de rose 69
Il n'y a pas de grandes personnes ! 72
La rue où il ne passera plus 77

La tragédie de la réussite

La pieuvre dans l'estomac 81
Un petit vélo dans le désert 84
Aujourd'hui maman est morte 89
Le seul problème vraiment sérieux 94

3. Un petit morceau d'immortalité

Quand Chirac reste sans voix............................. 101
L'obsession des présidents 105
« Il faut d'abord rester vivant » 108
Ils sont « immortels » 111
« Le Louis XVI est dans l'éternité »..................... 115
Le problème fondamental d'Arnault 119
Memento mori 121
« À long terme, nous sommes tous morts » 126
Les femmes aussi ? 130

4. On n'achète pas la vie

On peut n'être pas « riche en dedans ».............. 137
Le patron fait les soldes.................................... 144
« Vous êtes des gosses de riches ! » 150
Les friandises des confiseurs 153
Le savetier et le financier 157
« Qu'il est heureux le savetier... ».................... 160
La découverte des sociologues............................ 165
Le porte-monnaie plein de vide 169

5. Comme des rats dans leur roue

Qui veut gagner la « course des rats » ? 177
Les expériences de Laborit................................. 180

Table

Le meilleur usage du cerveau 183
Quand les rongeurs dépriment 187
Le rêve de « l'homme aux rats » 191

6. Comment réussir sa vie ?

La « tristesse du roi » 199
Tout n'est que vanité 202
L'avantage de l'oiseau et du lys 205
Les histoires du rabbin 208
As-tu fait sourdre l'eau ? 211
Le traité de savoir-vivre 215
La terrible illusion de la richesse 218
Si nous nous comparons 222
Une conception française 225
Le mode avoir et le mode être 229
Marcher doucement vers une fontaine 235
Arrêter de jouer la comédie ! 240
« Tu seras un homme, mon fils » 245

Épilogue 247

Composition Nord Compo
Impression : Imprimerie Floch, octobre 2009
Éditions Albin Michel
22, rue Huyghens, 75014 Paris
www.albin-michel.fr
ISBN : 978-2-226-18089-6
N° d'édition : 25871 – N° d'impression : 74938
Dépôt légal : novembre 2009
Imprimé en France.